U0369596

政府投资基本建设项目绩效评价指标体系分析

柯洪　王美华　等著

南开大学出版社

天　津

图书在版编目(CIP)数据

政府投资基本建设项目绩效评价指标体系分析 / 柯洪，王美华等著. —天津：南开大学出版社，2020.8
（政府投资基本建设项目绩效评价理论与实践丛书）
ISBN 978-7-310-05915-7

Ⅰ.①政… Ⅱ.①柯… ②王… Ⅲ.①政府投资－基本建设投资－项目管理－评价指标－研究－中国 Ⅳ.①F283

中国版本图书馆 CIP 数据核字(2020)第 003550 号

政府投资基本建设项目绩效评价指标体系分析
ZHENGFU TOUZI JIBEN JIANSHE XIANGMU
JIXIAO PINGJIA ZHIBIAO TIXI FENXI

南开大学出版社出版发行

出版人:陈　敬

地址:天津市南开区卫津路 94 号　　邮政编码:300071
营销部电话:(022)23508339　营销部传真:(022)23508542
http://www.nkup.com.cn

天津市蓟县宏图印务有限公司印刷　全国各地新华书店经销
2020 年 8 月第 1 版　　2020 年 8 月第 1 次印刷
240×170 毫米　16 开本　12.5 印张　2 插页　182 千字
定价:40.00 元

如遇图书印装质量问题,请与本社营销部联系调换,电话:(022)23507125

前　言

随着政府投资基本建设项目投入规模不断增大，各级财政部门也越来越认识到建立政府投资基本建设项目绩效评价体系的及时性和必要性，以便为开展财政支出绩效评价提供良好的外部环境和政策契机。自2005年以来，全国绝大多数财政部门根据财政部的要求，建立了绩效评价管理制度和办法，并随着形势的新发展不断补充和完善。《预算绩效评价共性指标体系框架》（财预〔2013〕53号）和《中央部门预算绩效目标管理办法》（财预〔2015〕88号）的发布实施，意味着政府投资项目合理绩效目标的制定和绩效评价的有效开展已经引起了国家的高度重视。但在工作实践中政府投资项目绩效评价尚存在一些问题。

（1）指标体系的设计虽然进行了层次划分，但尚不够具体和详细，且经常出现指标体系层级划分上平面性、单一性的问题，同时在指标设计上往往大量出现定性化评价指标，导致评价指标缺乏可评价性。

（2）缺乏对不同专业项目进行绩效评价的个性化指标。由于政府投资的基本建设项目分布在各个不同的行业中，因此仅仅建立共性评价指标体系远远不能满足绩效评价的针对性和有效性的需求。

（3）政府投资项目绩效评价结果的使用性不足，无法为政府投资基本建设项目立项决策制定合理、有效的绩效目标体系提供指导性依据。

（4）有时政府主管部门需要对建设项目的成效情况进行快速判断，而目前的政府投资项目绩效评价工作通常耗时较长，难以满足需求。

因此，本系列丛书针对上述政府投资项目绩效评价工作实践中存在的现实问题，进行深入详尽的探讨，并结合十余年来主持的各类政府投资项目绩效评价工作的实际案例和数据进行分析，给出相应的解决方案。本书是根据政府投资基本建设项目的特点，在《预算绩效评价共性指标体系框架》（财预〔2013〕53 号）基础上，进行政府投资基本建设项目绩效评价指标体系分析。

我们在编写过程中参考了很多从事政府投资项目绩效评价的咨询公司提供的信息和资料，但是由于编者水平有限，书中难免有不妥之处，敬请读者批评指正。

编者

2017 年 5 月

目　录

第一章　绪　论

如果你不能评价，你就无法管理。

——德鲁克[①]

引　例

财政部推进财政支出政策绩效评价工作

据新华社北京 2017 年 1 月 17 日报道，财政部正在着力推进财政支出政策绩效评价工作。继规范开展项目支出、专项支出、部门整体支出绩效评价后，财政支出政策评价正成为财政预算绩效管理的新举措。

绩效评价领域专家在近日于北京举行的"中国财政支出政策绩效评价框架体系研究"项目座谈会上表示，近年来，财政收入进入中低速增长，财政支出压力增大，迫切需要通过深化预算绩效管理改革来挖掘潜力，调整财政支出存量结构，让有限的资金发挥出最大效益。

在世界银行的支持下，财政部预算评审中心于 2015 年 6 月启动了对财政支出政策绩效评价框架体系的研究。推进 1 年多来，已经初步完成《中国财政

[①] 彼得·德鲁克（Peter F. Drucker，1909.11.19—2005.11.11），现代管理学之父，代表作有《德鲁克论管理》《21 世纪的管理挑战》《九十年代的管理》等。

支出政策绩效评价框架体系》和《财政支出政策绩效评价操作指南》，为财政支出政策绩效评价提供"量尺"。

项目在总结国内外财政支出政策评价的经验基础上，系统界定和阐述了财政支出政策绩效评价的内涵，提出了以结果为导向的财政支出政策评价指标体系，对推动我国开展财政支出政策绩效评价做了前瞻性、可操作性的研究，具有较强的创新性，将对推动我国财政支出政策绩效评价具有重要价值。

财政支出政策绩效评价结果对财政资金使用部门的预算产生约束，才能更好地发挥支出政策绩效评价的效果。而对不同部门开展财政支出政策绩效评价，应关注公共服务标准化度量问题。此外，财政部预算评审中心表示，该中心已经完成了部分政策评价试点工作。北京、上海等省市也积极探索，初步形成覆盖重点项目支出、部门整体支出、转移支付支出、财政支出政策等全方位的绩效评价体系。

随着绩效评价工作的不断深入开展，这意味着财政支出绩效评价已从项目绩效、专项绩效和部门整体绩效，向更高层面的支出政策绩效评价迈进，财政支出政策制定的规范性、科学性、公平性和效率效果将更加凸显。

——资料来源:财经.新华社,http://news.xinhuanet.com/fortune/2017-01/17/c_1120329567.htm,2017.

随着政府投资基本建设项目投资规模逐年加大，政府投资基本建设项目的绩效评价工作日益受到社会和公众的密切关注。现行政府投资基本建设项目缺乏一套建立在严密数据分析基础上的系统性的绩效评价指标体系，针对这一问题，我们在借鉴基础建设项目设计文件、绩效评估报告以及相关文献的基础上，结合我国目前政府投资基本建设项目绩效评价发展的现状，构建了政府投资基本建设项目绩效评价指标体系。

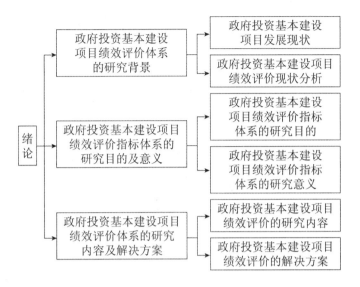

图 1-1 本章结构图

第一节 政府投资基本建设项目绩效评价体系的研究背景

一、政府投资基本建设项目发展现状

政府投资基本建设的方向主要是满足公共需要。根据 2004 年《国务院关于投资体制改革的决定》，其主要内容包括加强公益性和公共基础设施建设、保护和改善生态环境、促进欠发达地区的经济和社会发展、推进科技进步和高新技术产业化。由此可见，政府投资基本建设是我国国民经济和社会发展的重要物质与技术保证，政府投资的基本建设项目在提高广大人民的物质文化生活水平，促进国民经济持续、稳定、健康发展中发挥着至关重要的作用。

为支撑国民经济的快速发展，政府财政支出对政府投资基本建设项目的投入力度在逐年加大，"国家统计年鉴"的相关统计数据也印证了这一点。根据"统计年鉴"的相关数据，从 1995 年到 2015 年，全社会固定资产投资总额的发展状况如图 1-2 所示。

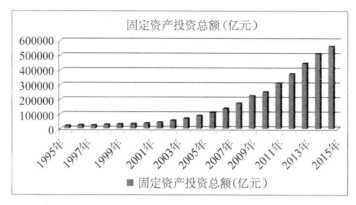

图 1-2　全社会固定资产投资总额

　　随着政府投资基本建设项目投入规模逐渐加大，投资管理过程中难免存在着盲目扩大投资、建设资金利用率不高、管理难度大等问题。如何科学合理地开发政府投资基本建设项目，最大程度地发挥有限投资的效益，已成为我国财政部门亟待解决的重要问题。中共十八届三中全会提出加快推进政府职能转变、深化财税体制改革、改进预算管理制度、充分发挥财政资金投资收益，而只有构建高效合理的政府投资基本设施绩效评价体制，纠正政府权责错位，才能真正确保政府投资基本建设项目实现可持续发展。

二、政府投资基本建设项目绩效评价现状分析

　　我国各级财政部门也认识到建立政府投资基本建设项目绩效评价指标体系的及时性和必要性，以便为开展财政支出绩效评价提供良好的外部环境和政策契机。自 2004 年以来，财政部开始推行财政支出绩效评价工作，并陆续制定了一系列规章制度。同时，从地方看，全国绝大多数财政部门根据财政部要求，也纷纷建立了绩效评价制度和办法，并随着形势的发展不断补充和完善，如表 1-1 所示。

表 1-1 部分省市财政支出绩效评价相关规定

序号	年份	颁布机构	文件
1	2013 年	中华人民共和国财政部	《预算绩效评价共性指标体系框架》的通知财预（〔2013〕53 号）
2	2012 年		《预算绩效管理工作规划（2012-2015 年）》（财预〔2012〕396 号）
3	2011 年		《财政支出绩效评价管理暂行办法》的通知（财预〔2011〕285 号）
4	2009 年		《财政支出绩效评价管理暂行办法》的通知（财预〔2009〕76 号）
5	2005 年		《中央部门预算支出绩效考评办法（试行）》的通知（财预〔2005〕86 号）
6	2004 年		《中央政府投资项目预算绩效评价工作的指导意见》（财建〔2004〕729 号）
7	2004 年		《中央经济建设部门部门预算绩效考评管理办法（试行）》（财建〔2004〕354 号）
8	2012 年	天津市财政局	《天津市市级财政项目支出绩效评价管理办法（试行）》（津政办发〔2012〕2 号）
9	2011 年		《关于推进天津市预算绩效管理工作指导意见的通知》（津政办发〔2011〕109 号）
10	2007 年		《天津市市级财政项目支出绩效评价管理办法（试行）》（津政办发〔2007〕101 号）
11	2012 年	山东省财政厅	《山东省市县级重点项目支出预算财政评审管理暂行办法》
12	2007 年		《山东省省级预算管理暂行办法》（鲁政办发〔2007〕50 号）
13	2007 年		《山东省省级项目支出预算评审管理办法》（鲁财预〔2007〕38 号）
14	2011 年	广西壮族自治区财政厅	《广西壮族自治区财政支出绩效评价暂行办法》（桂财预〔2011〕124 号）
15	2005 年		《自治区本级部门财政支出绩效评价工作规程（试行）》（桂财预〔2005〕69 号）
16	2011 年	厦门市财政局	《厦门市市级财政支出绩效评价管理工作规程》（厦财预〔2011〕90 号）
17	2012 年	北京市财政局	《北京市财政支出绩效评价管理暂行办法》（京财预〔2012〕272 号）
18	2011 年	广东省财政厅	《广东省省级部门预算项目支出绩效目标管理规程》（粤财评〔2011〕1 号）
19	2004 年		《广东省财政支出绩效评价试行方案》（粤财评〔2004〕1 号）

通过考察各地区财政支出绩效评价的相关规定可以发现，我国大部分省市的财政支出绩效评价主要集中在绩效评价的对象、内容、目标以及评价指标、评价标准等几个方面，这对于开展财政支出项目绩效评价工作提供了基本思路。但是由于部门绩效评价指标具有平面性、单一性的特点，同时存在评价机制不健全、绩效评价标准缺乏数据分析基础、评价方法相对单一、评价结果应用性差等问题，缺乏一套建立在严密数据分析和实践检验基础上的科学、统一、规范的评价指标体系，所以无法满足当前日益增长的对政府投资基本建设项目绩效评价的整体需求。

综上，为加强政府投资基本建设项目管理，进一步提高财政资金的使用效益，减少低效以及无效的政府投资，必须通过制定政府投资基本建设项目绩效目标，建立适用于政府投资基本建设项目的绩效评价指标体系，使对财政资金的管理逐步实现从目前注重资金投入转向注重对支出效果的管理。因而，深入开展政府投资基本建设项目绩效评价问题的研究，尽快在我国建立起科学规范的政府投资基本建设项目绩效评价指标体系，对优化公共财政支出、保障政府投资基本建设项目目标的顺利实现具有重大意义。

第二节　政府投资基本建设项目绩效评价指标体系的研究目的及意义

一、政府投资基本建设项目绩效评价指标体系的研究目的

（一）推广政府投资基本建设项目绩效评价共性指标体系框架，构建客观、公正、全面的评价体系

财政部下发《预算绩效评价共性指标体系框架》（财预〔2013〕53号），已经提供了财政开支的绩效评价框架，在此基础上构建绩效评价体系，要综合运用系统工程、项目管理以及绩效管理与评价等基本理论与方法，整体工作系统性较强。

从政府投资基本建设项目内容来看，是由多个参与主体、多个业务环节和多个控制阶段组成的若干个管理活动的集合，是一个整体与局部之间、内部与外部之间具有相互联系、相互作用和相互制约关系的开放复杂系统。从绩效评价的一般理论来看，绩效评价涉及评价目标、评价对象、评价指标、评价标准和评价方法等诸多内容。依据绩效评价的基本理论和方法，通过响应中央加快推动政府职能转变、深化财税体制改革、改进预算管理制度的号召，并结合财预〔2013〕53 号的文件精神、绩效评价内容和绩效评价质量要求，通过系统研究和分析，解决政府投资基本建设项目绩效评价指标体系完善、指标权重的确定等问题，从而构建具有针对性和公信力的政府投资基本建设项目绩效评价体系。

（二）增强政府投资基本建设项目绩效评价体系的实用性与可操作性，提高绩效评价工作的整体效率

政府投资基本建设项目经历立项、可行性研究、建设、竣工、投入使用等环节，都与众多的利益群体发生利益关系，项目利益相关者在不同建设阶段对项目的要求和影响力不同，而且项目目标的持续完善决定了其建设过程的复杂性。此外，由于我国政府投资基本建设项目的投资体制发生了变化，社会资本进入部分经营性政府投资基本建设项目领域，这使得政府投资基本建设项目利益群体之间的制约和联系更加复杂，从而也就导致了政府投资基本建设项目绩效评价指标统一化的困难，难以使绩效在不断评价反馈的基础上，在不同项目中得到持续改进，降低了绩效评价工作的整体效率。

政府投资基本建设项目绩效评价指标可围绕绩效目标展开，结合项目的共性与个性特点，规范化一般政府投资基本建设项目的设置标准，形成可供绩效评价工作人员直接使用的统一表格。一方面，减少不同部门在政府投资基本建设项目绩效评价前重新搜寻评价指标的查找工作，提高工作效率。另一方面，实现信息在不同部门之间的无缝对接，有效实现信息共享，达到绩效评价结果指导后续工作的效果。

二、政府投资基本建设项目绩效评价指标体系的研究意义

（一）理论意义

建立并完善政府投资基本建设项目绩效评价指标体系有利于推进财政科学化、精细化管理，弥补财政支出"重投入轻产出""重分配轻管理"的缺陷；此外还有利于推进财政预算绩效管理，完善公共财政体制框架，通过加强项目支出绩效管理，探索建立明确量化、良性互动、科学规范的财政绩效管理制度，进一步提高财政资金的使用效益；有利于财政支出管理理论的丰富与发展，是加强政府投资基本建设项目的重要环节，是科学理财、民主理财、依法理财的具体体现，是对财政支出管理理论的尝试与创新，丰富了财政支出管理理论的内容。

（二）现实意义

建立并完善政府投资基本建设项目绩效评价指标体系，有利于提升政府在资源配置方面上的效率，通过合理计算、评价政府投资基本建设项目的绩效，能够得出社会资源在社会各部门之间的最优配置比例和结构；有利于提高政府部门的理财水平和工作效率，通过对政府投资基本建设项目进行绩效评价，能够促使政府各部门以绩效评价的结果作为编制预算的重要参考依据，进而提高自身的理财积极性和工作效率；有利于协调和解决政府部门与社会公众之间存在的关系问题，将政府投资基本建设项目绩效评价的过程和结果向社会公开，增进社会公众对政府的了解，从而缓和政府与社会公众之间矛盾。

第三节　政府投资基本建设项目绩效评价体系的研究内容及解决方案

一、政府投资基本建设项目绩效评价的研究内容

随着政府投资基本建设项目规模逐年加大，政府投资基本建设项目的绩效评价工作日益受到社会和公众的密切关注。现行政府投资基本建设项目缺乏一套建

立在严密数据分析基础上的系统性的绩效评价指标体系，针对这一问题，在借鉴基础建设项目设计文件、绩效评估报告以及相关文献的基础上，结合我国目前政府投资基本建设项目绩效评价发展的现状，构建了政府投资基本建设项目绩效评价指标体系。从绩效评价的一般理论来看，绩效评价涉及评价目标、评价对象、评价指标、评价标准和评价方法等诸多内容。因此，本书对政府投资基本建设项目绩效评价的投入、过程、产出、效果这四个阶段按照上述内容进行综合性考核与评价，具体情况如下：

首先，根据政府投资基本建设项目的特点，在《预算绩效评价共性指标体系框架》（财预〔2013〕53 号）基础上，采用文献研究法、问卷调查法等进行三级指标的补充和四级、五级指标的开发，建立起政府投资基本建设项目绩效评价初始指标体系。并通过问卷调查和聚类分析等主客观相结合的方法，实现指标的筛选，从而获得理论与实际相吻合的、可行的政府投资基本建设项目绩效评价指标体系。

其次，针对现有绩效评价指标体系中难以准确描述的、无法定量化进行评价的定性指标，分析这些定性指标在建设项目实施过程中可能出现的结果，按照定量化指标的替代原则，用定量化的绩效评价指标进行替代；无法实现定量化替代的指标根据该类绩效评价指标的特性，按照"一票否定"或者"降档评级"式指标处理，最终实现绩效评价指标的可比较、可综合，使相关部门可以实现政府投资基本建设项目绩效的自评。

再次，为准确有效地实现政府投资基本建设项目绩效评价指标的考评，并保证绩效评价指标体系的可用性，针对政府投资项目绩效评价体系庞大、指标数量众多的特点，通过对现行方法比较分析后，选择基于递阶层次的序关系分析法进行权重计算。权重的计算结果实现了在绩效评价中更加关注项目效果的目的。

最后，确定政府投资基本建设项目绩效评价共性指标体系的标准值。基于已开发的政府投资基本建设项目绩效评价共性指标，通过对文献、法律法规、相关实际案例等进行分析，确定量化指标的标准值，建立量化指标评价标准值数据库；

同理确定质性指标的参考标准。

基于上述流程，本书最终构建一种比较完整、分层次性的政府投资基本建设项目绩效评价指标体系，这对于推动政府投资基本建设项目绩效评价工作，提高财政资金使用效益具有重要的意义。而对于不同行业的项目，《预算绩效评价共性指标体系框架》（财预〔2013〕53号）规定，各级财政部门和预算部门开展绩效评价工作时，应针对部门和行业特点确定适用于不同基本建设项目的绩效考评个性指标。因此，本丛书按照公共安全类、公共市政基础设施类以及公共服务类等行业进行了划分，选取具体的政府投资基本建设项目进行分析，这些基本建设项目的个性指标一般是在共性指标基础上进行的进一步开发，通过对共性指标进行适当的增减，并根据项目用途和特点进行细化，同时赋予各类评价指标科学合理的权重分值，形成完善的政府投资基本建设项目绩效评价个性指标体系。

二、政府投资基本建设项目绩效评价的解决方案

（一）拟解决的关键问题

根据上述分析，围绕着"政府投资基本建设项目绩效评价指标体系的构建"这一研究对象，主要解决的关键问题如下：

1. 如何解决现有指标体系中指标层次不一、指标等级不清晰等问题

政府投资基本建设项目绩效评价指标体系的科学合理性，首先应体现在绩效评价指标框架上。鉴于现有政府投资基本建设项目绩效评价指标体系的系统性较差，评价机制不健全，根据政府投资基本建设项目的阶段特点，在《预算绩效评价共性指标体系框架》（财预〔2013〕53号）基础上，采用文献研究法、问卷调查法等进行三级指标的补充和四级、五级指标的开发，以建立政府投资基本建设项目绩效评价初始指标体系。基于现有评价指标的筛选研究，根据政府投资基本建设项目绩效评价指标的特点，对比分析并选择出合理的绩效评价指标筛选方法，结合问卷调查获取的数据，对初始评价指标进行筛选、调整、优化，从而获得理论与实际相吻合的、可行的政府投资基本建设项目绩效评价指标体系。

2. 政府投资基本建设项目绩效评价质性指标如何实现量化替代

鉴于最终的政府投资基本建设项目绩效评价指标体系中存在着质性指标与量化指标，而质性的绩效评价指标存在着难以描述的问题，因此，本书将根据质性指标产生的项目绩效结果，用可定量化的项目绩效结果作为政府投资基本建设项目绩效评价指标，实现质性指标用定量化替代指标进行替换，达到以结果为导向的政府投资基本建设项目的绩效评价目的。

3. 如何确定合理的政府投资基本建设项目绩效评价指标等级

政府投资基本建设项目绩效评价指标权重的确定，是进行政府投资基本建设项目绩效评价指标考评和打分的依据。为了构建出一套建立在严密数据分析基础上的政府投资基本建设项目绩效评价指标体系，必须设定政府投资基本建设项目绩效评价权重。因此，应在对现有政府投资基本建设项目绩效评价资料分析总结的基础上，结合政府投资基本建设项目的特点，选择适于政府投资基本建设项目的绩效评价指标权重的方法并进行相应的计算。

4. 制定政府投资基本建设项目绩效评价标准

借鉴企业绩效评价标准体系，建立政府投资基本建设项目绩效评价标准体系，实现对绩效评价指标的可描述性与可评价性。政府投资基本建设项目绩效评价标准用来衡量和评价政府投资基本建设项目的绩效水平，影响绩效评价指标的可评价性与可描述性。财政支出绩效评价标准体系同企业绩效评价标准体系存在一致性，因此，仿照企业绩效评价标准体系的角度来构建政府投资基本建设项目的评价指标标准体系，分别从量化指标绩效评价标准的确定与质性指标绩效标准的确定两方面进行分析。

（二）解决方法

本书从政府投资基本建设项目绩效评价的现状出发，通过对国内部分省市的实地调研，收集整理相关资料，对政府投资基本建设项目绩效评价指标和指标权重的确定等相关内容进行深入研究，归纳出政府投资基本建设项目绩效评价共性指标，并采用问卷调查的方法对相应的政府投资基本建设项目绩效指标进行选取，结合专家访谈法弥补问卷调查范围狭窄的缺陷，对相关指标进行补充和完善。最后通过定量化替代指标最终完成政府投资基本建设项目绩效评价指标体系的构建，并确定相应指标的权重。采用的解决方法包括以下几个方面：

1. 文献研究法

运用文献研究方法进行大量的具体研究。具体内容包括政府投资基本建设项目的现状；政府投资基本建设项目绩效评价指标的相关研究现状，找出目前研究的不足。因此，需要在文献研究基础上进行政府投资基本建设项目绩效评价指标体系的完善，选择相对重要的指标，并对定性指标进行定量化替代研究，完成政府投资基本建设项目绩效评价指标体系的构建。

2. 问卷调查法

结合政府投资基本建设项目的实际特点，在研究政府投资基本建设项目绩效评价指标的相对重要程度时，运用问卷调查的方法获得政府投资基本建设项目共性指标和六类项目的个性指标重要程度所需要的数据。为保证问卷结果的质量，问卷的调查对象限定在业主单位、施工单位、设计单位、监理单位、天津市财政局、造价管理科研机构等一线管理人员以及政府投资基本建设项目中从事实际施工的工作人员。为保证筛选出的指标能够覆盖绩效评价的全过程，进行了两次问卷调查，第一次的问卷调查是进行探索性的指标选择，建立初步的评价指标体系，第二次的问卷调查是进行补充和完善，以确保政府投资基本建设项目绩效评价指标体系的完整性。

3. 专家访谈法

专家访谈法用于确定调查问卷中指标选择及指标重要程度的具体题项。访谈法通过研究者与被访谈者面对面直接交谈的方式进行，具有较强的灵活性与适应性，既有事实的调查，也有意见的征询，更多地用于个性、个别化研究。主要通过访谈从事政府投资基本建设项目的相关部门领导以及相关研究专家等，对调查问卷中政府投资基本建设项目绩效评价指标的选择以及重要性进行多次探讨，对于政府投资基本建设项目绩效评价指标进行完善与补充。

第二章 政府投资基本建设项目绩效评价理论与方法

每一天都要不断地检讨自己的工作和绩效！

——陈安之[①]

引例

绩效评价共性指标体系的探索与实践

近年，上海市出台的《上海市预算绩效管理实施办法》对财政项目支出绩效评价指标体系建设，尤其是对共性指标框架进行了规范，要求在绩效评价时，应按照定性指标可衡量、定量指标应量化的要求，依据评价项目特点和评价工作需要，对共性指标框架进行具体细化和优化。

鉴于财政支出项目涉及面广、类别多的特点，对业务类和政策类项目的共性指标体系建设进行探讨。业务类财政项目支出主要指公共部门为履行公共职能进行的运行活动、专业性活动等而发生的支出，多属于经常性项目。政策类

---

① 陈安之，男，1967年12月28日出生，中国福建省福州市人，现任陈安之国际训练机构总裁。

项目支出主要是为了支持一些社会和产业发展，通过引导资金和补贴的形式设立一些专项，包括社保政策、产业政策等，是当前财政支出评价的重点范畴。

一、共性指标体系框架构建途径

财政项目的绩效评价共性指标体系由绩效指标、指标解释、参考权重及备注等要素构成。从整体框架上，业务类财政项目绩效评价共性指标体系由"项目决策""项目管理""项目绩效"三个一级指标组成，每个一级指标均有相应的二级、三级指标。"项目决策"和"项目管理"的细化指标具有管理属性，因此具有普遍适用性。而"项目绩效"要从产出的数量、质量、时效和"3E"效果等角度，应结合项目特点进行细化。政策类项目则由"政策设立""政策实施""政策绩效"三个一级指标构成，一级指标可以细化为二级、三级指标，围绕政策设立的科学性、规范性、合理性、政策执行的有效性等角度设计。政策绩效则强调从政策目标达成度角度设计，并反思资源配置与目标设立之间的关系。

二、共性指标体系的应用

预算绩效管理是一门实践性科学，特别是评价所需要的指标体系，必须在实践中得以验证和完善。从上海的经验看，各预算主管部门在推进和制定本行业分类项目支出绩效评价指标的过程中，从适用于本部门、本行业的项目绩效评价需要的角度出发，通过已实施的绩效目标评审、绩效跟踪和绩效评价的项目，分析研究并逐步建立符合本部门、本行业特点的分类项目绩效评价指标体系，经财政部门确认后纳入预算绩效管理信息系统进行管理。评价指标和评价标准的设计问题是当前制约绩效评价的核心问题，业务类和政策类项目共性指标框架的建立，不仅可以解决这一难题，而且在共性指标框架的基础上，绩效指标体系的设计通过对项目管理类共性指标进行选择，针对项目特点，在设计个性指标时再结合部门年度工作计划和项目具体功效进行细化，从而有效提高了绩效评价效率和质量。

共性指标体系的建立，不仅可以提高绩效评价的客观性和准确性，还可以在全国实践应用的基础上，对于不同地区的同类项目，通过关键指标的横向比较，找出绩效的差距，通过数据分析，不仅可以更深层次发现项目的存在问题和提出更切合实际的整改意见，同时还可以建立分类、分地区的各指标的标准体系，有利于开展同类项目绩效的比较并建立行业标准，从而真正推进预算绩效管理科学化。

——资料来源:张林，刘晓洁，颜人安.绩效评价共性指标体系的探索与实践[N].中国财经报，2017-03-21，(7).

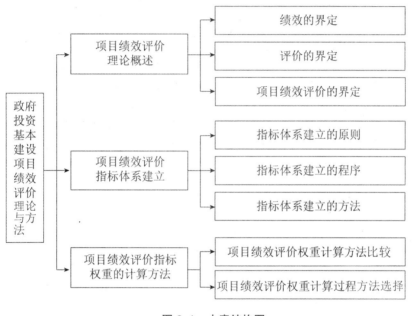

图 2-1　本章结构图

第一节　项目绩效评价理论概述

一、绩效的界定

从管理学的角度说，绩效指的是个人或组织完成某种任务或者达到某个目标的行为，通常是功能性或有效性的表现。

绩效容易与效率、效果等概念相混淆。效率是指投入与产出之比，只关心过程的有效性。效果是指产出对目标的影响，包含与目标相关的产出数量的多少及各项产出对目标贡献的大小两个方面。绩效则是效率与效果的结合，既要考虑组织目标的实现程度，又要考虑实现目标的手段的有效性。

二、评价的界定

评价是指为达到一定目的，运用特定的指标、设定的标准和规定的方法，对一个组织、群体和个体发展结果所处的状态或水平进行分析判断的计量或表达的过程。简单地说，评价就是一个比较分析做出全面判断的过程。为此，评价必须具有以下特征：一是评价的依据具有合理性；二是评价的标准具有客观公正性；三是评价的方法具有科学性；四是评价的结果具有可比性。评价的类型有多种多样，这取决于评价目的、评价对象以及评价依据的信息特征，如表2-1所示。

表 2-1　评价的类型

评价目标	评价类型
决策	决策前评价，决策中评价，决策后评价
实施过程	事前评价，事中评价，事后评价
评价信息特征	基于数据的评价，基于模型的评价，基于专家知识的评价，基于数据、模型和专家知识的综合评价

三、项目绩效评价的界定

1. 项目后评价

项目后评价是指在项目已经完成并运行一段时间后，对项目的目的、执行过程、效益、作用和影响进行系统的、客观的分析和总结的一种技术经济活动[①]。当项目运营一段时间后，通过项目后评价将建设项目的经济效益、社会效益与决策阶段的目标相比较，对建设和运营的全过程做出科学、客观的评价，反馈给投

[①] 黄德春,许长新. 投资项目后评价的现有理论及评析[J]. 河海大学学报(自然科学版),2003(11):706-709.

资决策者，从而有助于对今后的项目目标做出正确的决策，提高投资效益。

2. 项目绩效评价的内涵

绩效评价从企业管理上定义，是"对企业占有、使用、管理与配置经济资源的效果进行的评判"。从公共部门管理上定义，是指"政府体系的产出产品在多大程度上满足社会公众需要"。绩效评价是通过对客观性、数量化资料的收集与分析，以数字或百分比的形式表现组织所得到的成绩，利用评价结果，可以考察组织目标的合理性及实现程度，并找出影响绩效的原因，以提高组织效率。绩效评价是一个组织试图达成某种目标、如何达成以及是否达成目标的系统化过程。

项目绩效评价是指通过适用的评价指标及评价标准、规范的考核方法，对项目的前期计划、实施过程及其完成结果进行的综合性考核与评价，对项目管理、经济、技术、社会、生态和可持续发展绩效等内容进行客观的衡量比较和综合评判。

3. 项目绩效评价与项目后评价的区别

项目绩效评价与项目后评价都是评价主体对评价对象进行考核和评价的活动，但在概念、评价时间、评价性质、评价目的、评价过程、评价作用、评价结果和评价细则等方面均存在着显著差异，如表 2-2 所示。

表 2-2　项目绩效评价与项目后评价的比较

比较主体 评价目标	项目绩效评价	项目后评价
评价时间	从项目的前期计划开始进行， 贯穿项目实施的全过程	项目已经完成并 运行一段时间后
评价性质	前瞻性	回顾性
评价依据	以结果为导向面向过程	将结果作为评价依据
评价目的	形成过程评价习惯	形成总结习惯
评价过程	进行循环评价改善	一次性评价
评价作用	反馈	总结
评价结果	提出改善方向	显示结果

比较主体 / 评价目标	项目绩效评价	项目后评价
评价细则	通过适用的量化指标及评价标准、规范的考核方法，对项目的前期计划、实施过程及其完成结果进行综合性考核与评价，对项目管理、经济、技术、社会、生态和可持续发展绩效等内容进行客观的衡量比较和综合评判，以更好地实现项目目标，提高资金的使用效益	全面总结投资项目的决策、实施和运营情况，分析项目的技术、经济、社会和环境效益的影响，为投资决策和项目管理提供经验教训，改进并完善建设项目，提高其可持续性

由表 2-2 可知，项目绩效评价的主要内容是权衡项目的利害得失和成功与否的一种方式，以项目实施者对项目的要求和关心的目标为出发点，相比项目后评价而言，其出发点更明确，对影响项目成功与否的各方面因素考虑得更加细致全面。项目绩效评价是通过绩效评价的过程，强化管理层与执行层的沟通，根据绩效评价结果进行绩效诊断，找出项目管理和实施中的经验和不足，及时进行改进。

政府投资基本建设项目的绩效评价是一种以结果为导向面向过程的管理模式，它按照绩效预算的基本原理，对财政项目支出实施的一项全过程的综合管理模式，目的是为了更好地提供公共产品和服务，提高财政资金的使用效益，因此，本书以项目绩效评价为研究对象，试图在保障政府投资基本建设项目满足公共需要的基础上，服务于财政预算管理，实现政府资金的效用最大化。

第二节　项目绩效评价指标体系建立

我国政府投资项目的建设在数量上和质量上有了很大的提高，政府投资建设项目的绩效评价工作受到社会各方尤其是政府的重点关注，但是由于政府投资建设项目绩效考评主体的多样，缺乏统一的指标体系，导致了政府投资建设项目无法进行横向比较，信息无法交流。由于政府投资建设项目的非营利性、产权公共性等突出的特点，使得广为采用的以经济效益为基础的投资项目绩效评价体系无法完全照搬到政府投资建设项目的绩效评价中。

在国内外研究的基础上，与政府投资建设项目绩效评价目标定位相结合，选择公共项目绩效评价的指标体系，筛选出适用于政府投资建设项目绩效评价的共性指标，并对项目的绩效评价指标进行权重等级的确定。

一、指标体系建立的原则

指标选取有很多影响因素且主观性较强，不同的人可能对相同的评价主体选取不同的指标，得出不同的结论，并且选取的评价指标将直接影响评价的结果。因此，为了保证评价结论尽可能客观、全面和科学，评价指标的建立必须遵循一定的规则。

1. 整体完备性原则

评价指标体系作为一个有机整体，应该能从不同的侧面反映政府投资基本建设项目的绩效水平，同时结合政府投资建设项目的特点，评价指标应从整体上适用于我国政府投资建设项目的绩效评价。

2. 客观性原则

评价指标是评价结果客观准确的根本保证，应该重视并保证评价指标体系的客观公正，同时要保证数据来源的可靠性、准确性和评估方法的科学性。

3. 可操作性原则

评价指标体系的建立是为评价服务的，在实际的运用中才能体现其价值，因此每个指标都应该具有可操作性，整个评价指标体系应该简明、易于操作、具有实际应用功能。

通常指标量化所需资料应该方便收集，并且能用现有的方法和模型求解。所以在评价指标选择中，对于评价指标的可操作性重点考虑，选择一些操作性强的指标来取代那些同方面的、难以操作的评价指标。评价指标的测定必须有良好的可操作性，这样才能使评价工作顺利进行。

指标的选取还应考虑指标的数量，指标个数选得过多，反映的问题增加，资料收集难度增大，同时在确定各指标的权重时也会有一定的困难，而如果选取的指标太少，就不能全面地反映问题，也就不能达到建立指标体系的目的。

4. 科学性原则

评价指标体系必须建立在科学的基础上，即指标的选择与指标权重的确定、数据的选取、计算与合成必须以公认的科学理论（统计理论、系统理论、管理与决策科学理论等）为依据。同时，可比性必然要求具有可测性，没有可测性的指标是难以进行比较的。因此，评价指标要尽量建立在定量分析基础上。

5. 可比性原则

指标的选择要保证同趋势化，使政府投资建设项目的绩效考评在横向及纵向上具有可比性。这个问题也可以通过指标的标准化过程来解决。

6. 映射原则

评价某个目标，有时很难找到直接反映该问题的指标或该指标难以实际操作，因此可以从目标实现所体现出来的现象进行映射提炼。

依据这些原则建立的指标应该能够根据政府投资建设项目的具体特点，反映政府投资建设项目的绩效，并且能够描述政府投资建设项目的现状和评价未来状况，同时尽量使数据收集费用相对较低。

二、指标体系建立的程序

指标体系的设计包括发散、收敛以及试验修订三个阶段。

1. 发散阶段

发散阶段的主要任务是分解目标，提出详尽的初拟指标。鉴于评价所依据的目标概括性较强。因此，在拟订相应的评价内容（指标）时，需进一步分解、细化目标，使之可以观察和测量。在初拟指标时，一般采用集体讨论的方法，召集有关人员，集思广益，详细列出与目标有关的所有指标，力求完备。这些指标可以来自各个方面，包括有关人士所关注的问题、以往实践的经验总结和评价文献中的研究发现、专业人员的咨询意见等。

2. 收敛阶段

收敛阶段的主要任务是对初拟的指标体系进行归并和筛选。由于受到时间、人力和物力的限制，一次评价是不可能回答所有问题的。因此，收敛阶段是必不可少的。收敛的目的是精简指标，使其更能体现目标的本质，以保证评价的有效性，同时，突出评价的重点，使评价具有更强的可行性。

3. 试验修订

在经过筛选、归并，确定了评价指标体系后，还应当制定相应的判断达成情况的评定标准，选择适当的评价对象进行小范围的试验，并根据试验的结果，对评价指标体系及评定标准进行修订。

评价指标的建立过程如图 2-2 所示，主要步骤包括评价指标的初选、评价指标的筛选、指标体系检验三个部分，评价指标体系的完善主要是指标的筛选过程。

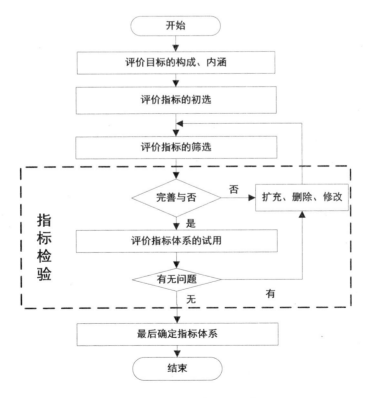

图 2-2　评价指标体系构建过程

三、指标体系建立的方法

（一）指标初选

评价指标初选的目的是建立起基本的评价指标构架，初选的原则是求全而不求优，即允许其中存在重复、不可获取等问题。常用的方法包括分析法、综合法、交叉法、指标属性分组法、目标层次法[①]。其中分析法是最基本的方法，而综合法则适用于对指标体系的发展和完善。这几种方法的比较如表 2-3 所示。

1. 分析法

分析法是将评价指标体系的目标划分为若干个不同的组成部分或不同侧面（即子系统），然后进行逐步细分（即形成各级子系统及功能模块），直到每一个部分或侧面都可以用具体的统计指标来描述的方法。在获取子系统模块的指标时还可以结合问卷调查、文献勾选等方法。这是构造综合评价指标体系最基本、最常用的方法。

2. 综合法

所谓综合法，是对已经存在的指标按一定的标准进行聚类，使之体系化的一种构造指标体系的方法。对于比较成熟的指标体系，就可以省略聚类的过程，而采用目标层次法或者分析法的结果。

3. 交叉法

交叉法也是构造评价指标体系的一种方法。通过二维或三维甚至更多维的交叉，派生出一系列的统计指标，从而形成指标体系。例如在设计经济效益评价指标体系时，常常采用"投入"与"产出"的交叉对比，从而获得指标体系。因为经济效益就是投入指标与产出指标的对比关系。这种方法适用于效益、绩效评价的指标体系构建。

4. 指标属性分组法

由于指标本身具有不同属性，因此会有不同的表现形式。初选评价指标体系时，也可以从指标属性角度构思体系中指标元素的组成。一般来说，可以先将指

---

① 苏为华. 统计指标理论与方法研究[M]. 北京：中国物价出版社，1988.

标分为"动态"与"静态"两类，然后每一类中还可以从"绝对数""相对数""平均数"等角度来构想指标元；也可以将指标分为"定性"和"定量"两类，然后结合分解法、综合法等选定指标。

5. 目标层次法

这种方法是通过确定评价的目标，即目标层，然后在目标层下建立分目标，形成准则层，将准则层用具体的指标表示出来，从而形成评价指标体系。通过这种方法能够建立合理的指标体系，同时能够较好地响应需要达到的目的，一般适用于评价目标和评价准则比较明确的项目。

表 2-3　指标体系构建方法比较

方法	基本原理	优点	缺点	适用范围
分析法	将评价目标划分为几个子系统，然后逐步细分到具体指标	建立的指标体系结构合理，不容易遗漏指标	子系统不容易划分	适用于评价目标系统划分比较明确的项目
综合法	对已存在的一些指标按一定的标准进行聚类，使之体系化的一种构造指标体系的方法	工作量小，建立的指标体系符合惯例	容易简单将不同的观点综合在一起，造成指标体系不够科学	适用于单项后评价发展成熟的项目
交叉法	通过二维或三维甚至更多维的交叉，可以派生出一系列的统计指标，从而形成指标体系	初选的指标比较全面	工作量大，在没有划分目标的情况下，形成的指标结构不科学	适用于评价指标的研究不够成熟的项目
指标属性分组法	从指标属性角度构思体系中指标元素的组成	为后面搜集指标数据减少工作量	系统性不够强	适用于评价指标体系比较简单的项目
目标层次法	通过确定目标层，在目标层下建立分目标，形成准则层，将准则层用具体的指标表示出来，从而形成评价指标体系	指标体系构建合理，形成的指标体系能够较好地响应需要达到的目的	工作量大	适用于评价目标和评价准则比较明确的项目

根据《预算绩效评价共性指标体系框架》（财预〔2013〕53 号）对政府投资

基本建设项目绩效指标进行补充和完善，通过分析和比较指标体系构建方法的优缺点和使用范围，采用分析法建立的指标体系结构合理，不容易遗漏指标，适用于评价目标系统划分比较明确的政府投资基本建设项目，因此，本书选用分析法构建政府投资基本建设项目绩效评价指标体系，并结合文献勾选法，完成项目支出绩效评价共性指标的细化，最终获取政府投资基本建设项目绩效评价初始指标集。

（二）指标调整与筛选

从元素构成上看，初选指标集只是给出了评价指标体系的"可能指标全集"，但不是"充分必要的指标集合"；初选的结果并不一定是合理的或必要的，可能有重复，也可能有遗漏甚至错误。从结构上看，初选指标体系结构更加强调的是目标与概念的划分，却没有体现指标之间数据上的相似关系。因此，必须对初选的指标集进行调整及筛选。

指标集调整与筛选的前提是指标之间存在重复，指标携带信息有冗余。冗余度分析是指评价指标体系内的各分项评价指标之间在计算内容上的重复程度。同一指标体系内各指标之间的重叠度应尽量低。如果在综合评价指标体系中存在严重的指标冗余现象，即两个指标或多个指标之间存在比较严重的重叠或交叉现象，则无形中夸大了重叠部分指标的权重，从而使评价结果出现失真，决策行为出现偏误。指标筛选的方法包括主观筛选方法和客观筛选方法。具体情况如表 2-4 所示。

表 2-4　指标筛选方法比较

	方法	基本原理	优点	缺点	适用范围
主观筛选法	专家咨询法	依靠权威专家经验实现	操作简单，容易实现	主观性强	项目的评价指标体系比较成熟
	频度统计法	将各类资料中出现的各项指标进行统计	操作简单，在一定程度上克服了主观的缺陷	工作量大，得出的结论受书籍等的影响较大，有可能会导致指标不可行	该类型项目的相关研究较多

续表

	方法	基本原理	优点	缺点	适用范围
客观筛选方法	平均方差法	计算给定方案关于指标的离散程度，删除离散程度小的指标	计算简单	对数据的要求较高，计算结果容易受到个别不稳定数据的影响	适用于指标计算简单，样本数列比较稳定的指标体系
	离差法	计算给定方案指标数值的差异，删除差异较小的指标	计算简单	对数据的要求较高，并且要求指标有统一的量纲	适用于有统一量纲，样本数列比较稳定的指标体系
	主成分分析法	通过对变量共性的提取，实现数据降维	只依赖于变量的协方差矩阵或相关矩阵，与变量的分布无关。同时提供了可供参考的指标权重	这种方法仅实现了原信息的重新分配	各指标间的关系是线性相关的情况
	极大不相关法	通过计算指标的相关系数，删除相关性大的指标	可以自行确定需要筛选的指标数量，不受指标量纲的影响	要选出的指标的数量是需要事先确定的，计算繁琐，需要逐个筛选	指标个数较少的情况
	条件广义方差极小	通过计算指标的协方差实现指标筛选	可以自行确定需要筛选的指标数量	事先确定选出的指标数量，计算繁琐，需要逐个筛选	适合有统一量纲的指标
	聚类分析法	先确定指标类别，从每一类中选择一个（或若干个）代表性指标，最后构成一个指标体系	有效减少指标的数量，计算简单	在分类不明确的情况下，容易遗漏重要的指标。在每一类中选择代表指标容易遗漏	适用于指标层级架构以及类别明确的项目

1. 主观筛选方法

（1）专家咨询法

在确定初步评价指标集的基础上，通过征询该行业权威专家的意见，对初始评价指标集进行调整。这种方法依据的是专家长期积累的知识的反映。在专家数目足够多的情况下，可以在一定程度上克服专家咨询法的主观性。

（2）频度统计法

对目前有关评价对象的书籍、报告、论文等文献资料进行综合的分析统计，对其中出现过的各项指标进行频度分析，出现频度越高的指标表明其越具有代表性，选择使用频度较高的指标作为拟定指标。

2. 客观筛选法

（1）平均方差法

设 n 个方案，m 个指标，X_{ij} 表示第 i 个方案对于第 j 个指标的评价值，记指标 X_j 的平均方差为：

$$s_j = \left[\frac{1}{n}\sum_{i=1}^{n}\left(x_{ij} - \bar{x}_j\right)^2\right]^{\frac{1}{2}}, j = 1, 2, \cdots, m \qquad 公式（2-1）$$

设 $\varepsilon_1 \in R$ 为一个充分小的阈值，若存在 k（$1 \leqslant k \leqslant m$），$s_k < \varepsilon_1$，则可以删除与 S_k 相对应的指标 X_k。

（2）离差法

指标 X_j 的最大离差为：

$$s_j = \max_{i,p}\left(\left|x_{ij} - x_{pj}\right|\right), i, p = 1, 2, \cdots, n \qquad 公式（2-2）$$

设 $\varepsilon_1 \in R$ 为一个充分小的阈值，若存在 k（$1 \leqslant k \leqslant m$），$S_k < \varepsilon_1$，则可以删除与 S_k 相对应的指标 X_k。

（3）主成分分析法

有学者提出把主成分上系数大的变量留下，因为这些变量对主成分的贡献大，那么其他次要变量就可以剔除。也有学者提出另一种主成分删除变量的方法，把最后一个主成分线性式中权数最大的指标去除，因为该指标在该分量中起主要作用，而该分量对全部信息的贡献很少，说明该指标对全部信息的贡献也很少。对剩余指标进行重复分析和指标剔除过程，最后就可以得到几个代表性指标。用主成分筛选指标一个较严重的问题就是可能出现某个指标在第一主成分和最末主成分上的权重都很大，则此方法适用性不强。

（4）极大不相关法

如果 X_1 与其他的 X_2，…，X_n 相互独立，即表明 X_1 是无法由其他指标替代，因此保留的指标的原则应该是相关性最小。对于给定的 p 个指标，首先计算样本的相关系数矩阵 R，其中

$$R = (r_{ij}), r_{ij} = \frac{s_{ij}^2}{\sqrt{s_{ii}^2 s_{jj}^2}}, i, j = 1, 2, \cdots, p \qquad 公式（2-3）$$

计算每一个指标与其余指标之间的复相关系数，相关系数越大，表明该指标与其他指标的相关性最大，则该指标剔除。重复这个过程，一直到余下所需要的指标个数为止。对于这种方法，也可以通过"复相关系数的阈值"来决定剔除的指标个数，当复相关系数小于该阈值时，就应该停止剔除计算。

（5）条件广义方差极小

条件广义方差极小是利用指标的相关性进行指标筛选。对于给定 P 个指标的 N 组样本，将其用矩阵 X 表示。将指标分为两部分，记为 $X（1）$ 和 $X（2）$，相应的协方差矩阵为 $\sum \begin{bmatrix} \sum_{11} & \sum_{12} \\ \sum_{21} & \sum_{22} \end{bmatrix}$。对于给定的 $X（1）$，$X（2）$ 对 $X（1）$ 的条件协方差矩阵可以表示为

$$\sum_{(x^{(2)}|x^{(1)})} = \sum_{22} - \sum_{22} \sum_{11}^{-1} \sum_{12} \qquad 公式（2-4）$$

若已知 $X（1）$ 时 $X（2）$ 的变化状况，如果 $X（2）$ 变化很小，即表示 $X（2）$ 的信息在 $X（1）$ 中几乎都能得到，那么 $X（2）$ 这部分指标就可以删除。重复这样的过程，直到没有可删除的指标为止，这样就选取出既有代表性又不重复的指标集。

（6）聚类分析法

聚类分析法既是指标体系结构初构的一种方法，同时也是指标体系精选中一

种有效的分析方法。它是采用聚类分析方法中的"指标聚类"方式来对原始指标进行归类，然后根据一定的选择标准（可以是直接确定最终指标体系的个数，即类数，也可以是给出指标相关性"阈值"）确定出相应的分类数，从每一类中选择一个（或若干个）代表性指标，最后构成一个指标体系。

3. 指标的无量纲化

无量纲化即数据的标准化，它是通过数学变换来消除原始变量（指标）量纲影响的方法，它解决了不同指标之间可比较、可综合的问题。从多指标综合评价的角度来看，无量纲化的过程实际上就是评价函数的建立过程。通过评价函数把评价指标的原始数值转化为一个相对数，表明该评价指标对评价对象的贡献程度。定量指标和定性指标由于性质不同，所采用的无量纲化方法也不同。

（1）定量指标的无量纲化方法

功效系数法：该方法假设评价指标实际值与评价值之间呈线性关系，指标实际值的变化会引起评价值等比例变化。如公式（2-5）所示：

$$y = \frac{x - \min x}{\max x} \times 40 + 60 \qquad\qquad 公式（2-5）$$

公式（2-5）中，y—评价值，x 为评价指标的实际取值，当 x 为最小值时，$y=60$；当 x 为最大值时，$y=100$。对于逆向指标，上述公式变为公式（2-6）：

$$y = \frac{\max x - x}{\max x - \min x} \times 40 + 60 \qquad\qquad 公式（2-6）$$

广义指数法：就是将单项指标的实际值与标准值进行对比得出评价值。如公式（2-7）所示：

$$k_1 = \begin{cases} \dfrac{x_i}{x_{ib}} & （正指 n） \\[2mm] \dfrac{x_{ib}}{x_i} & （逆指 n） \end{cases} \qquad\qquad 公式（2-7）$$

充当比较基数的 X_b 可以是最大值（通常称此无量纲化方法为"极值化"）、

最小值、算术平均值（此时称为"均值化"）、变量平方和的开方值（这种方法也称为比重法）等。

（2）定性指标量化方法

直接评分法：人们对定性指标的取值直接给予打分的方法，这种方法主观随意性较强，通常与专家评价结合运用。

模糊统计法：将定性指标划分为若干个取值等级，如"良好""较好""中等""较差""差"五级，然后由一批专家进行判断，根据专家判断进行"频率统计"，得到该定性指标"隶属于某一评语等级的程度"——隶属度。可以用最大隶属度原则确定该项指标所处的等级，也可以采用加权平均的方法确定该项指标的量化值。但无论怎么做，都需要对评语等级本身进行量化，而评语等级的最简单量化方法是取自然数。

专家评分法：这种量化方法是由专家小组成员独立或者讨论给出每一个定性变量不同取值类别的量化值。若是独立给出，则最后需将专家所给分值进行统计平均，也可以通过多轮反馈以确定最终评分值，即 DELPHI 法。

上述有关指标的调整和筛选方法中，平均方差法、条件广义方差极小和离差法是通过考察指标数据的稳定性来实现的，主成分分析法、极大不相关法以及聚类分析法是通过考察指标的相关性来实现的。由于本书在筛选指标时的原则是考察指标体系的重复率，因此选取后三种方法中的其中一种方法。由于主成分分析法是通过将原有指标组合成为新的指标而实现指标筛选，并未减少实际进行绩效评价时的工作量，因此排除主成分分析法。在极大不相关法和聚类分析法中，极大不相关法适用于指标个数较少的情况，不符合本书中政府投资基本建设项目绩效评价指标的实际情况，因此该方法也被排除。聚类分析法主要是利用指标的相关性将指标分类，然后从每一类中选取代表性指标，从而实现指标筛选，该方法操作简单，适用于指标层级架构以及类别明确的政府投资基本建设项目，同时能实现指标的大幅度精简，因此本书在对政府投资基本建设项目初始指标集进行筛选时采用聚类分析法。

第三节　项目绩效评价指标权重的计算方法

一、项目绩效评价权重计算方法比较

指标权重的计算方法通常从主客观角度出发划分为主观赋权方法与客观赋权方法两个大类。主观赋权方法是由评价分析者或相关专家单纯从各评价指标的主观重视程度出发，对评价指标赋予权重的方法，这些方法通常包括德尔菲法、层次分析法、专家调查法、序关系分析法[①]等。客观赋权方法则是纯粹性地利用评价指标的客观信息而赋予指标权重的一种方法，主要包括拉开档次法、嫡权信息法、均方差法（同上）、变异系数法、离差最大化法[②]、简单关联函数法[③]。

随着研究的深入，多数学者从主客观相结合的角度出发展开评价指标权重的计算研究。例如，陶菊春等学者推导出综合权重赋值法，从而使综合加权评分法的分析结果更加合理[④]。陈加良则将博弈论引入到综合评价研究中，以"纳什均衡"理论作为协调目标建立起基于博弈论的综合集成赋权方法[⑤]；陈伟、夏建华等以各决策方案的多属性综合评价值尽可能分散作为基本思想，构建了基于离差平方和的综合集成赋权方法[⑥]。表2-5对各种指标权重计算方法进行了比较。

表2-5　权重确定方法比较

方法类别	方法名称	基本原理	优点	缺陷	适用范围
主观赋权法	专家调查法	专家评价法是建立定性和定量分析的基础上，以打分等方式做出定量评价	对统计数据和原始资料要求比较低，操作简单、易行	主观性太强	评价指标体系比较成熟的项目；评分标准和方法比较准确、精度要求较低

① 郭红玲，黄定轩. 多属性决策中属性权重的无偏好赋权方法[J]. 西南交通大学学报，2007, 42（4）：505-510.
② 陈伟，夏建华. 综合主、客观权重信息的最优组合赋权方法[J]. 数学的实践与认识，2007, 37（1）：17-22.
③ 郭亚军. 综合评价理论与方法[M]. 北京：科学出版社，2002.
④ 陶菊春，吴建民. 综合加权评分法的综合权重确定新探[J]. 系统工程理论与实践，2001, 21（8）：43-48.
⑤ 陈加良. 基于博弈论的组合赋权评价方法研究[J]. 福建电脑，2003（9）：15-16.
⑥ 香赵政，廖开际，刘其辉. 基于序关系确定成熟度评价指标权重的简易法[J]. 广西大学学报（自然科学版），2009, 34（6）：823-826.

续表

方法类别	方法名称	基本原理	优点	缺陷	适用范围
主观赋权法	层次分析法	将定性分析与定量分析相结合，把解决的问题分层系列化，对同一层次的各个要素，以上一层次要素为准则，进行两两判断、比较和计算	在确定项目综合评估指标体系的各个层次和各个具体指标的权重方面具有方便、快捷和科学等特性	检验的权重很难保证满足要求	难于完全用定量方法进行分析的复杂问题
	序关系分析法	通过评价指标相对于评价准则的重要程度来计算指标的权重	计算过程简单、方便	相对层次分析法，受到评价者的主观影响	受指标权重影响较小的情况，适合与客观方法相结合的集成指标赋值方法
客观赋权法	拉开档次法	通过指标向量的线性函数，能够使得被评价对象的取值分散程度尽量大	可以在确定指标权重的情况下对被评价对象进行分类和定位	得到的权重对被评价对象影响较大	适用于评价指标体系较小的情况
	熵权信息法	指标权数根据各项指标观测值提供的信息量的大小确定，多个观察对象对同一指标观测值样本数据的差异程度反映该指标的重要程度	能够充分反映样本的差异	受样本数据影响较大，容易将一些重要指标的权重赋值较低	适用于评价理论及方法成熟的项目；有可供搜集的大量样本数据

二、项目绩效评价权重计算方法选择

通过对评价指标赋权方法进行对比分析可知，由于政府投资基本建设项目绩效评价能够有效地推进财政科学化、精细化管理，因此，绩效评价指标权重必然要满足精度较高的要求，而专家调查法明显存在着主观性强的缺点，在政府投资基本建设项目绩效评价中并不适用；鉴于政府投资基本建设项目绩效评价建立在科学严密的定量分析基础上，这与层次分析法的适用条件完全相反；政府投资基本建设项目绩效评价涉及多个阶段多个层级的评价指标，因此，拉开档次法在政府投资基本建设项目绩效评价研究中并不适用；此外，鉴于嫡权信息法适用于在评价理论及方法成熟的项目，同样不能满足政府投资基本建设项目绩效评价的研究需要。序关系分析法直观易用，对指标个数没有限制，具有保序性，计算量少，并且无须检验一致性，因此，在政府投资基本建设项目绩效评价指标权重研究中将采用序关系分析法。

政府投资基本建设项目（如公共交通类、公共安全类、公用设施类和公共服务类基本建设项目）绩效评价指标权重计算过程主要包括两个步骤：第一步，依据序关系分析法的计算步骤初步计算出绩效评价指标的权重；第二步，根据绩效评价指标体系的层次关系，对第一步计算出的绩效评价指标权重进行适当修正，最终确定得出政府投资基本建设项目（如公共交通类、公共安全类、公用设施类和公共服务类基本建设项目）绩效评价指标体系的权重。

第三章　政府投资基本建设项目绩效评价指标体系的建立

由于绩效评价的内容涉及面广、专业性强、操作难度大，因此建立投资项目绩效评价的指标体系十分必要。

——财政部关于开展中央政府投资预算绩效评价工作的指导意见[①]

引例

HJ 海上油田工程项目绩效评价指标体系成功建立，效果显著

HJ 海上油田位于广西省北海市西南约 85 千米的南海北部湾海域，该海域属台风影响区，由中海油湛江分公司 2004 年 5 月发现，于 2009 年 12 月 1 日投产。2008 年 4 月 1 日，湛江分公司成立 HJ 油田开发项目组。

针对 HJ 海上油田工程项目进行集成管理绩效评价，此评价工作将全面考虑参与 HJ 油田建设的各不同参与成员（油田企业、建设承包商、资料供应商、建设监理单位）之间各自的发展战略目标，综合分析各相关因素，确定科学的评价指标，参考评价项目集成管理体系，考虑体系内各成员间的业务流程和相互关系，构建合理的评价体系，从而实现识别与改善项目集成管理效果的目的。

[①] 财政部关于开展中央政府投资预算绩效评价工作的指导意见（财建〔2004〕729 号）由财政部于 2004 年 12 月 23 日颁发，为绩效评价工作提出指导性意见。

　　按照集成管理的四个主要方面（组织要素集成、过程集成、信息集成、目标集成），构建 HJ 海上油田工程项目集成管理的绩效评价体系。评价指标要从以下几个方面考虑:一是从工程项目的角度考虑施工质量、施工周期、建设成本，二是从集成管理的角度考虑组织之间的协调配合、信息沟通等，三是从项目收效的角度考虑经济效益、社会效益等。根据这些内容并结合供应链管理的基本特征，着重考虑从结果层、执行层及计划与决策层三个层面建立绩效评价的指标。

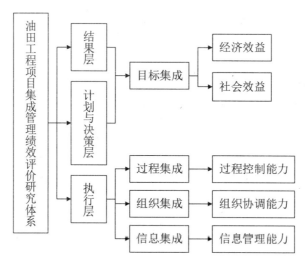

图 3-1　油田工程项目集成管理绩效评价框架

　　绩效评价工作重点考核的部分是:组织系统中的协调与沟通能力、信息管理能力；过程系统中的建设成本、施工工期、工程质量与风险控制能力、目标系统中经济效益、社会环保等。由此，我们把海上油田工程项目集成管理绩效评价指标体系分为三个层级，按照集成管理的内容设置组织协调、过程控制、信息管理、目标实现等四个一级指标，根据一级指标的关注情况，设置二级指标和三级指标。该项目绩效评价的指标体系建立如表 3-1 所示。

表 3-1 HJ 海上油田工程项目集成管理绩效评价指标体系

一级指标	二级指标	三级指标
组织协调成效	组织反应速度	系统对紧急事件的请应时间
		系统工作的效率
	组织合作成效	系统内企业间的沟通水平
		系统内企业间的资源共享水平
过程控制成效	成本控制成效	资源的有效利用率
		资金使用的监督水平
	工期控制成效	项目阶段性完工率
		项目竣工准时率
	质量控制成效	项目竣工阶段性返工率
		工程项目合格率
	风险控制成效	风险预警机制是否健全
		风险事件发生的概率
信息管理成效	信息传输控制	信息传输的路径是否通畅
		信息如期到达率
	信息处理成效	信息是否得到及时处理
		信息是否得到准确的理解
目标实现情况	效益实现情况	企业资产收益率
		项目利润率
	环境保护情况	污染物资排放率
		节能材料使用率

依据建立的评价指标体系，对指标进行权重计算、隶属度确定以及综合评判，提出项目的建议，对当前油田工程项目管理中存在的主要问题进行有效的解决。

——资料来源：谭嘉.HJ 海上油田工程项目集成管理绩效评价研究[D].西南石油大学，2013.

　　政府投资基本建设项目绩效评价体系是建立在《预算绩效评价共性指标体系框架》（财预〔2013〕53 号）基础上，完善政府投资基本建设项目绩效评价的共性指标。现从《基本建设项目建设标准》基础建设项目设计文件和绩效评估报告以及相关文献对《预算绩效评价共性指标体系框架》提供的项目共性指标进行补充、完善。政府投资基本建设项目的绩效评价从投入、过程、产出、效果四个阶段[①]出发，因此，首先对这四个阶段的现有的指标进行完善，其次对其下一步的指标进行开发，最终提出一个比较完整、合理的政府投资基本建设项目绩效评价指标体系。

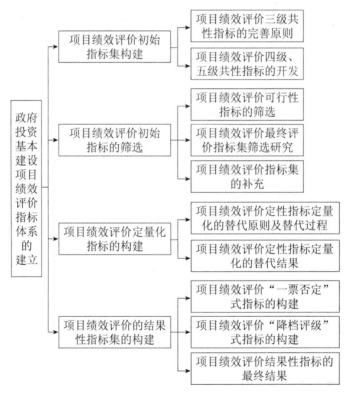

图 3-2　本章结构图

---

① 李贵鲜. 公共行政概论[M]. 北京：人民出版社，2002.

第一节 项目绩效评价初始指标集构建

一、项目绩效评价三级共性指标的完善原则

（一）三级共性指标的完善原则

政府投资基本建设项目绩效评价指标体系是在《预算绩效评价共性指标体系框架》（财预〔2013〕53 号）规定的项目支出绩效评价指标体系框架的基础之上进行完善的，因此，构建的指标体系是力图在保留《预算绩效评价共性指标体系框架》提供的指标基础之上进行完善的。

在《预算绩效评价共性指标体系框架》的基础上重新构建指标体系原则。为了实现评价指标体系的系统性、科学性和可操作性，拟打乱《预算绩效评价共性指标体系框架》规定的指标体系框架，重新构建政府投资基本建设项目绩效评价指标体系框架。

保证构建的政府投资基本建设项目绩效评价指标体系的完备性原则。目前，主要构建政府投资基本建设项目绩效评价的初始指标体系，以"不遗漏"为准则给出评价指标体系的"可能指标全集"，而不是"充分必要的指标集合"，初始指标体系的结果并不一定是合理的或必要的，可能有重复，也可能有不甚可行的错误指标，因此，有待进一步对指标进行筛选。

（二）完善三级共性指标的依据

政府投资基本建设项目绩效评价指标体系的科学性、合理性首先体现在绩效评价共性指标框架上，即基于政府投资基本建设项目绩效评价的共性指标发展现状，结合政府投资基本建设项目的特点，在《预算绩效评价共性指标体系框架》（财预〔2013〕53 号）的基础上，完善政府投资基本建设项目绩效评价的三级共性指标。现基于《基本建设项目建设标准》基础建设项目设计文件和绩效评估报告对《预算绩效评价共性指标体系框架》提供的项目三级共性指标进行补充、完善。

1. 投入阶段

《预算绩效评价共性指标体系框架》（财预〔2013〕53 号）在投入阶段设置了

项目立项和资金落实两个二级指标，其投入阶段主要是从立项和资金两方面进行了指标的设置。其中，在项目立项二级指标下，设置了项目立项规范性、绩效目标合理性和绩效目标明确性三个三级指标，但根据《基本建设项目建设标准》对选址与建设用地的规定，基础建设项目设计文件对项目建设目标、总体规划、建筑设计、经济技术指标、结构设计、给排水设计、电气设计、弱电设计、通风空调设计、消防与安全设计、环境及卫生设计、节能设计等内容的详细规定可知，项目选址和项目设计是项目实施过程之前的必要实施准备。除此之外，项目勘察和招投标组织实施在工程实践当中也是在项目实施过程之前必须进行的实施准备工作，也被广泛运用于绩效评价中。因此，包含项目选址、项目勘察、项目设计以及招投标组织实施等的"实施准备情况"也是在项目实施过程之前所投入的资源，应补充为项目立项的三级共性指标。

同时，在资金投入方面，《预算绩效评价共性指标体系框架》（财预〔2013〕53 号）仅规定了资金落实指标，而在工程实践当中，资金落实是以资金筹集为基础的，而资金落实之后的资金分配更是进行财务管理的重要基础，因此基于工程实践的业务需求，拟将资金投入作为投入的二级指标，并设置资金筹集、资金落实和资金分配三个三级指标。

2. 过程阶段

《预算绩效评价共性指标体系框架》（财预〔2013〕53 号）在过程阶段设置了项目业务管理和财务管理两个二级指标，可见，过程阶段主要是从业务和财务两方面进行了指标的设置。其中，在业务管理二级指标下，设置了管理制度健全性、制度执行有效性和项目质量可控制三个三级指标，可见，在业务管理二级指标下，除了制度的规定之外，只针对项目质量设置了三级指标，而在绩效评价实践当中，组织机构、合同、进度、安全、环境、节能、项目满意度以及监理工作的相关管理工作也是进行业务管理评价的普遍指标。并且，基础建设项目设计文件对项目建设目标、总体规划、建筑设计、经济技术指标、结构设计、给排水设计、电气设计、弱电设计、通风空调设计、消防与安全设计、环境及卫生设计、节能设计等内容的详细规定，为进行项目组织机构、合同、进度、安全、环境、节能等管理工作提供了目标和依据，为界定业务管理的工作范围奠定基础。为此，拟在业务管理二级指标下，补充设置组织机构、合同管理可控性、项目进度可控性、项目安全可控性、环境可控性、节能可控性、项目满意度、监理工作的组织实施等三级指标。

在财务管理二级指标下，《预算绩效评价共性指标体系框架》（财预〔2013〕53 号）仅设置了管理制度健全性、资金使用合规性、财务监控有效性等三级指标，而与业务管理相对应，组织机构是项目实施所需人员配置的基础，应将组织机构指标增设为财务管理的三级指标。

3. 产出阶段

《预算绩效评价共性指标体系框架》（财预〔2013〕53 号）在产出阶段设置了项目实际完成率、完成及时率、质量达标率和成本节约率等四个三级指标，产出阶段主要是从工程数量、时间、质量、成本等四个方面进行了指标的设置。而基于绩效评价的核心思想，拟通过项目产出与投入阶段项目目标的对比，实现项目目标实现程度的绩效评价。因此，基于在绩效评价中广泛应用的项目实现程度（质量管理评价、进度管理评价、安全管理评价、合同管理评价、监理工作评价和项目管理评价）的相关指标，并与投入阶段项目指标相对应，在项目产出二级指标下，设置数量目标评价、质量目标评价、投资目标评价、时间目标评价、劳动安全卫生消防目标评价、环境目标评价和节能目标评价等三级指标。

4. 效果阶段

《预算绩效评价共性指标体系框架》（财预〔2013〕53 号）在效果阶段设置了项目经济效益、社会效益、生态效益、可持续影响、社会公众或服务对象满意度等五个三级指标，也是广泛应用于项目效益绩效评价的指标，因此，将不再对项目效益进行三级指标的补充。

（三）三级共性指标的完善成果

在《预算绩效评价共性指标体系框架》（财预〔2013〕53 号）的基础上，通过分析一系列的基础建设项目设计文件和绩效评价报告，完善相关指标，得到政府投资基本建设项目绩效评价指标至三级，如图 3-3 所示。

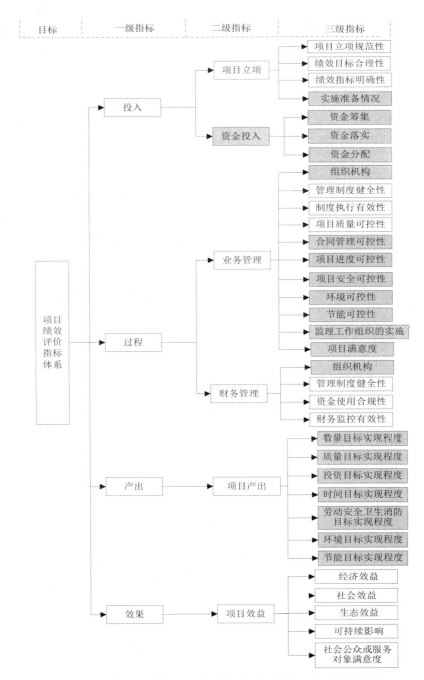

图 3-3　基于《预算绩效评价共性指标体系框架》完善后的共性指标

　　注：图中标灰的指标是指与《预算绩效评价共性指标体系框架》（财预〔2013〕53 号）相比，新增加或改变原先层级的指标。（下同）

二、项目绩效评价四级、五级共性指标的开发

（一）四级、五级共性指标的开发依据

政府投资基本建设项目绩效评价三级指标能够在一定程度上对政府投资基本建设项目实现绩效评价，但是由于评价指标的宽泛性，仅仅用三级指标来对政府基本建设项目来进行评价，并不能准确有效地实现绩效评价。由于政府投资基本建设项目涉及面比较广，从政府投资基本建设项目的绩效到公共基础设施建设的发展，关系到公众的满意程度，因此需要对三级指标进行更进一步的细化，以实现从更具体的指标来对政府投资基本建设项目进行绩效评价。

为了进一步完善《预算绩效评价共性指标体系框架》（财预〔2013〕53 号）的共性指标体系，现从完善后的三级指标基础上进行四级、五级指标的开发。通过建设标准、绩效报告、设计文件、《预算绩效评价共性指标体系框架》的指标说明以及相关文献的研究进行指标开发，通过各类文件找到与政府投资基本建设项目绩效相关的指标，具体开发过程如附表 1 所示。

（二）四级、五级共性指标的开发结果

通过分析四级、五级指标来源可知大部分指标的统计频数为 2 及 2 以上，可作为初始指标集的指标，虽然部分指标的统计频数仅为 1，但是作为初始指标集的一部分，为了保证初始指标集的全面性，也将其作为初始指标集的一部分。

通过对三级指标的细化，得到四级、五级指标，自此，得到政府投资基本建设项目绩效评价初始指标体系如图 3-4、图 3-5、图 3-6、图 3-7 所示。

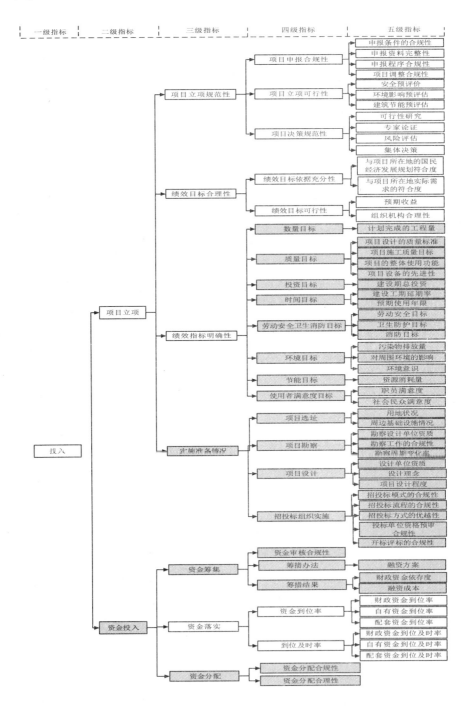

图 3-4　基于《预算绩效评价共性指标体系框架》完善后的投入指标

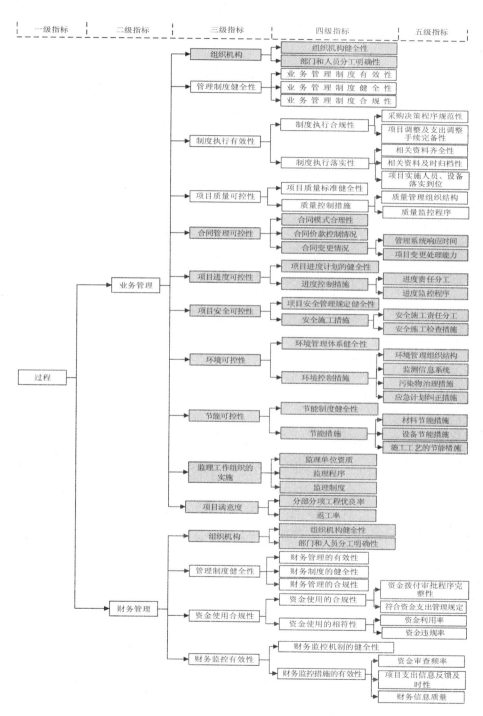

图 3-5 基于《预算绩效评价共性指标体系框架》完善后的过程指标

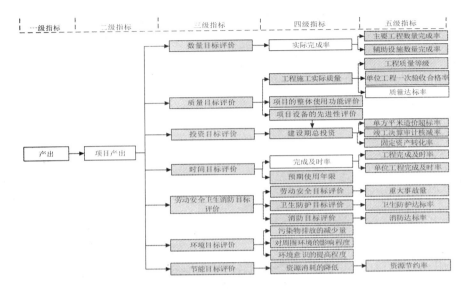

图 3-6　基于《预算绩效评价共性指标体系框架》完善后的产出指标

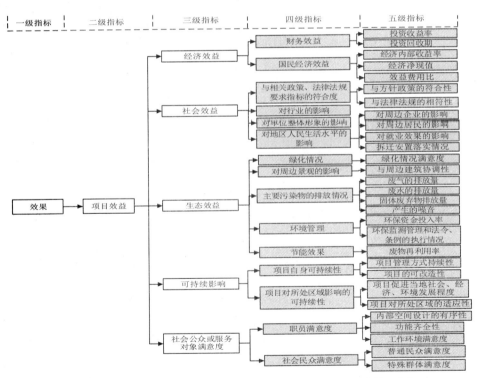

图 3-7　基于《预算绩效评价共性指标体系框架》完善后的效果指标

第二节　项目绩效评价初始指标的筛选

政府投资基本建设项目绩效评价指标体系，是在《预算绩效评价共性指标体系框架》（财预〔2013〕53号）规定的项目支出绩效评价指标体系框架基础上进行补充和完善，并经过实地调研而构建出来的。该指标体系中的绩效评价指标数量多达156个，在很大程度上涵盖了政府投资基本建设项目绩效评价的范围，但是却大大增加了对数据的搜集和后续处理的难度。

初始指标集只是给出了绩效评价指标体系的"可能指标全集"，但不是"充分必要的指标集合"；初选的结果并不一定是合理或必要的，也可能有遗漏甚至错误。因此，有必要对初始指标进行筛选、调整、优化，从而获得可行的政府投资基本建设项目绩效评价指标集。首先，以问卷调查为基础，并对获取的数据进行隶属度分析；其次，采用聚类分析的方法将重复率较高的绩效评价指标进行归类，最终获取理论与实际相吻合的绩效评价指标集，并将获得的指标运用于政府投资基本建设项目绩效评价实践。

一、项目绩效评价可行性指标的筛选

1. 问卷的发放和收回

为充分保证样本数据的质量，且能体现政府投资基本建设项目的实际特点，运用问卷调查的方法获得政府投资基本建设项目指标重要程度所需要的数据。为保证问卷结果的质量，问卷发放范围为业主单位、施工单位、设计单位、监理单位、天津市财政局相关部门以及造价管理科研机构等，问卷主要填写者为一线管理人员以及政府投资基本建设项目中从事实际施工的工作人员。

在调查问卷的设计中，采用5点式Likert量表，并对政府投资基本建设项目绩效评价度量方式做一定的调整，对指标分数划分为5个等级，从1分"不重要"到5分"极其重要"，得分越高表示该指标对政府投资基本建设项目绩效评价越重要，具体问卷见附录。为了保证政府投资基本建设项目绩效评价指标调查问卷发

放的效率和回收率，研究人员通过现场、电子邮件等方式发放，要求受访者根据政府投资基本建设项目的实际情况和自身的专业知识，对 156 个绩效评价指标的重要性进行相应的选择。本次共发放调查问卷 160 份，收回问卷 137 份，其中有效问卷 124 份，有效回收率为 77.5%，将选择结果过于趋同性的问卷判为无效问卷并予以剔除，调查问卷的最终数据统计结果如附表 2 所示。

2. 信度分析

调查问卷的可靠性和稳定性一般是通过信度分析来加以检验和衡量，信度的主要作用是对测量变量的稳定性进行检验，与最终测量结果的正确性无关。在对调查问卷做信度分析时，通常采用 Cronbach α 系数进行衡量[1]。利用 SPSS 软件对调查问卷的 Cronbach α 系数进行分析，Alpha 系数介于 0～1 之间，其值越接近于 1，代表调查问卷的信度越高[2]。通常情况下，Cronbach $\alpha \geqslant 0.9$ 表示问卷的实际效果十分可信，$0.7 \leqslant$ Cronbach $\alpha \leqslant 0.9$ 表示问卷的实际效果很可信。对调查问卷收集到的相关数据运用 SPSS 19.0 进行 Cronbach α 测试，对政府投资基本建设项目绩效评价指标调查问卷各阶段的数据进行信度分析，结果显示 Cronbach α 系数如表 3-2 所示。

表 3-2　信度分析结果

可靠性统计量			
阶段	Cronbach's Alpha	基于标准化项的 Cronbachs Alpha	项数
投入	0.862	0.977	56
过程	0.885	0.985	50
产出	0.862	0.962	19
效果	0.877	0.977	29

由表 3-2 可知，政府投资基本建设项目绩效评价指标在各个阶段的 Cronbach α 系数均大于 0.9，说明该调查问卷十分可信，根据问卷选取的指标可

---

[1] 陈晓娟. 概化模型在问卷信度分析的应用研究[D]. 成都：四川大学，2007.

[2] 吴明隆.SPSS 统计应用实务：问卷分析与应用统计[M]. 北京：科学出版社，2003.

以用于对政府投资基本建设项目进行相应的绩效评价。

3. 效度分析

效度分析主要是检验测量变量的质量，是能够准确反映待测量特征的程度。有研究认为测量效度评价的指标主要有三种，即内容效度、准则效度以及结构效度[1]，一般从这三个方面对测量变量的准确程度予以反映。内容效度主要根据调查问卷中每个测量变量是否能够代表和反映测量目标进行分析；准则效度主要是指测量变量的结果与现行相关准则的切合程度；结构效度则是指调查问卷中的测量变量与某一理论概念之间的相关程度。

内容效度和准则效度主要依赖于调查问卷中测量变量的表述以及设置方式，鉴于本书中政府投资基本建设项目绩效评价指标调查问卷的内容是通过相关建设标准、绩效报告、设计文件、《预算绩效评价共性指标体系框架》的指标说明以及大量相关文献的研究，并在问卷初步完成之后与相关单位进行多次协商沟通并经过若干次修正得到的，因此具有相对较高的内容准则效度；结构效度通常需要根据一定的统计分析来进行检验，James 指出因子分析是考察和测量调查问卷数据结构效度最有效的方式[2]，因此，通过因子分析中 KMO 值和 Bartlett 球形检验对调查问卷中的相关数据进行结构效度分析，对收回调查问卷的效度分析结果如表3-3 所示。

表 3-3　效度分析结果

KMO 和 Bartlett 的检验		阶段			
		投入	过程	产出	效果
取样足够度的 Kaiser-Meyer-Olkin 度量		0.792	0.843	0.883	0.856
Bartlett 的球形度检验	近似卡方	5006.346	5666.202	1478.292	3086.208
	df	1596	1225	171	406
	Sig.	0.000	0.000	0.000	0.000

---

① 风笑天. 社会学研究方法[M]. 北京：中国人民大学出版社，2005.

② James B Pick,Rasool Azari.A Gloabal Model of Technological Utilization Based on Governmental, Business-Investment, Social, and Economic Factors [J]. Management Information Systems, 2011, 28(1):49-83.

由表 3-3 可知，政府投资基本建设项目绩效评价各阶段量表的 KMO 样本测度值均大于 0.5，同时这四个阶段量表的 Bartlett 球体检验小于 0.001，根据这一结果认为有较好的结构效度。因此，政府投资基本建设项目绩效评价指标调查问卷收集到的数据可以进行相应的因素分析，故通过效度检验。

4. 评价指标的隶属度分析

隶属度这一概念最初是从模糊数学中引申出的，在模糊数学中，存在这样一种观点，由于大量的模糊现象概念外延无法具体描述，同时也无法用集合理论进行归类，对某个具体的元素也无法将其完全归入某个集合，只能解释为在一定程度上属于这个集合，因此，将元素归入某个集合的程度属性定义为隶属度[①]。对模糊的、定性的政府投资基本建设项目绩效评价结果进行定量分析的主要手段是模糊数学，即利用模糊数学中的隶属度来建立评价指标与评价等级之间的映射关系，并描述评价指标对绩效结果的重要程度。

将政府投资基本建设项目绩效评价指标体系{S}视为一个模糊集，将绩效评价指标体系{S}中的每一个指标视为一个元素，并对每一个元素进行隶属度分析。假设有 N 份有效问卷对政府投资基本建设项目绩效评价指标的重要程度进行评价，对于第 i 个评价指标 S_i，其重要程度的选择为"极其重要""非常重要"以及"重要"三者之和的问卷数量共有 M_i 份，则该评价指标的隶属度为：$R=M_i/N$，若 R_i 值很大，表明该绩效评价指标在很大程度上属于模糊集合，即该绩效评价指标在政府投资基本建设项目绩效评价指标体系中很重要，因此可以将其保留下来作为正式的绩效评价指标；反之，则予以删除。对 124 份有效问卷进行相应的统计分析，通过 $R=M_i/N$ 计算得出 156 个评价指标的隶属度如附表 3 所示。

如何在隶属度分析中确定筛选标准并对其等级进行界定，目前并无权威的规定，本书采用各绩效评价指标隶属度的平均值作为筛选的临界值，将所有绩效评价指标隶属度低于平均值 0.764 的指标予以删除，至此形成含有 67 个指标的新绩效评价指标体系，如表 3-4 所示。

---

① 范柏乃. 政府绩效评估理论与实务[M]. 北京：人民出版社，2005.

表 3-4 筛选后的政府投资基本建设项目绩效评价指标体系

一级指标	二级指标	三级指标	四级指标	五级指标
投入	项目立项	项目立项规范性	项目申报合规性	申报条件合规性、申报资料完整性、申报程序合规性、项目调整合规性
			项目决策规范性	可行性研究、专家论证
		绩效目标合理性	绩效目标依据充分性	与项目所在地实际需求符合度
			绩效目标可行性	预期收益
		绩效指标明确性	质量目标	项目设计的质量标准、项目施工质量目标、项目的整体使用功能、项目设备的先进性
			投资目标	建设期总投资
			劳动安全卫生消防目标	劳动安全目标、卫生防护目标、消防目标
			环境目标	污染物排放量、对周围环境的影响
			节能目标	资源消耗量
		实施准备情况	项目勘察	勘察设计单位资质、勘查工作的合规性
			项目设计	项目设计程度
			招投标组织实施	招投标模式的合规性、开标评标的合规性、招投标方式的优越性
	资金投入	资金审核		资金审核合规性
		资金落实	资金到位率	财政资金到位率、配套资金到位率
			到位及时率	财政资金到位及时率、配套资金到位及时率
过程	业务管理	管理制度健全性		业务管理制度有效性、业务管理制度健全性
		制度执行有效性	制度执行合规性	采购决策程序规范性、项目调整及支出调整手续完备性
			制度执行落实性	相关资料齐全性、项目实施人员、设备落实到位
		合同管理可控性	合同变更情况	项目变更处理能力
		项目质量可控性		项目质量标准健全性
			质量控制措施	质量管理组织机构、质量监控程序
		项目安全可控性	安全施工措施	安全施工责任分工、安全施工检查措施

一级指标	二级指标	三级指标	四级指标
过程	财务管理	管理制度健全性	会计核算执行情况、财务管理的有效性
		资金使用合规性	资金使用的合规性	实际投资超概率、资金利用率
		财务监控有效性	财务监控措施的有效性	资金审查频率、资金违纪率
产出	项目产出	质量目标实现程度	工程施工实际质量评价	工程质量等级、质量达标率
		时间目标实现程度	完成及时率	工程完成及时率
		投资目标实现程度	建设期总投资评价	平方造价超标率、竣工决算审计核减率、固定资产转化率
		劳动安全卫生消防目标实现程度	劳动安全目标评价	重大事故量
			卫生防护目标评价	卫生防护达标率
			消防目标评价	消防达标率
		环境目标实现程度	对周围环境的影响程度	
		节能目标实现程度	资源消耗的降低程度	资源节约率
效果	项目效益	经济效益	财务效益	投资收益率、投资回收期
		社会效益	与相关政策、法律法规要求指标的符合度	与方针政策的符合性、与法律法规的相符性
		生态效益	主要污染物的排放情况	废水排放情况、废气排放达标情况
			节能效果	废物再利用率
		社会公众或服务对象满意度	使用者满意度	

根据受访者对调查问卷中各个绩效评价指标的意见形成的新的政府投资基本建设项目绩效评价指标体系，指标数量不仅在原有基础上有所减少，同时保留了相应评价专家普遍认可并接受的指标，因而，经隶属度分析后并筛选相应指标后形成的政府投资基本建设项目绩效评价指标体系具有合理性和可操作性。

二、项目绩效评价最终评价指标集筛选研究

初始指标集的选取通常是根据一定的理论分析并借鉴相应的实际经验，以整个政府投资基本建设项目管理的角度出发。由于在进行问卷调查时，被调研对象仅是就指标对政府投资基本建设项目绩效的影响程度做判断，而未考虑指标对于政府投资基本建设项目本身是否可行、是否有必要。在进行讨论时，天津市财政局以及各政府投资基本建设项目主管部门认为，可行评价指标集虽全面、科学，但是鉴于目前工作深度及工作范围的限制，在对初始可行集中的绩效评价指标进行主观的定性筛选之后，仍需对指标进行定量化的筛选，以减少绩效评价指标间的重复率。

1. 聚类分析

聚类分析是基于样本数据或者变量数据的诸多特征，按照其在性质上的远近程度进行自动分类。在 SPSS 分析中，通常是根据两个指标间的距离来对指标间的远近程度进行描述。聚类分析中的变量聚类，一般也称为"R 型聚类"，主要适用于变量数目较多、相关性较强的情况，通常的做法是将性质相近的变量聚类为同属一个类别，并从中找出具有代表性的变量，通过减少变量的个数最终达到降维的目的。因此，在已完成上述初始指标集的初次筛选得到可行指标集之后，现主要工作是从众多对政府投资基本建设项目绩效评价具有影响作用的可行指标集中，根据"R 型聚类"的分析机理，通过模型变量的降维过程，选择最少的指标个数且携带最大信息的绩效评价指标，最终实现对可行性指标集的分类，并从每一类中选择有代表性的绩效评价指标，达到绩效评价指标筛选的目的。

在使用聚类分析法进行绩效评价指标筛选时，首先需要收集政府投资基本建设项目绩效评价指标的情况。通过对投入阶段、过程阶段、产出阶段、效果阶段共计 67 个指标变量进行聚类。对所得的数据进行"R 型聚类"分析，首先，样本搜集数据的有效性为 100%，如表 3-5 所示。

表 3-5　样本数据有效性

案例					
有效		缺失		合计	
N	百分比	N	百分比	N	百分比
67	100.0%	0	0%	67	100.0%

进行分层聚类分析，基于政府投资基本建设项目的具体特点以及现有聚类分析中关于研究对象的分类数的相关研究，并结合《预算绩效评价共性指标体系框架》（财预〔2013〕53 号）规定的项目支出绩效评价指标体系，将分类项目数量定为指标数量的 75%—95%之间，即共分为 50—64 类，其聚类情况如附表 4 所示。第一列代表指标变量，后十三列代表聚类为 64 逐渐减少到 50 的过程。

2. 评价指标集的筛选结果

根据上述分类情况，由于分类为 57 时选取的指标可以覆盖 85.7%的信息，符合聚类分析中通过聚类之后的信息量要求[1]，因此，采用分类为 57 时的指标聚类结果，并按照隶属度较高的原则选择每类的代表性指标，从而得到 57 个指标作为最终评价指标集的结果。最终评价指标集如图 3-8、图 3-9、图 3-10、图 3-11 所示。

---

[1] 王凡. 模糊数学与工程科学[M]. 哈尔滨：哈尔滨船舶工程学院出版社，1988.

图 3-8 投入阶段最终评价指标集

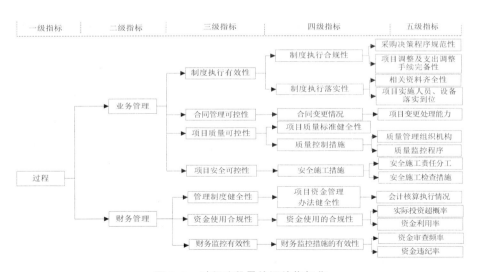

图 3-9 过程阶段最终评价指标集

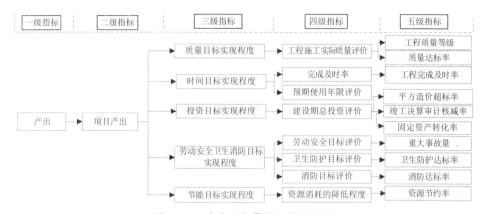

图 3-10 产出阶段最终评价指标集

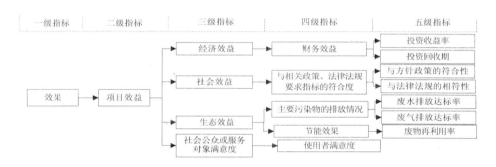

图 3-11 效果阶段最终评价指标集

三、项目绩效评价指标集的补充

现有筛选出的政府投资基本建设项目的评价指标中，集中在投入、过程、产出阶段的指标较多，而效果阶段的指标相对较少，这主要与被评价对象有关，由于本次问卷的调查对象中有 68.5% 的人员来自施工单位及设计单位，且其参与过项目的阶段也主要集中在投入、过程、产出阶段。其在进行项目绩效评价时更加注重项目的前期阶段，当完成相关项目时，对最终的结果关注较少，但是这些指标并未最终全面而准确地反映政府投资基本建设项目的绩效结果。因此，需要对效果阶段的指标进行补充与完善，以弥补问卷调查范围狭窄所产生的缺陷。

由于效果阶段补充性指标涉及的专业性较强，研究深度要求高，通过二次调查问卷的发放，以取得更加完整的指标体系。通过选取初始指标集中关于效果阶段的调查问卷，主要针对研究政府投资基本建设项目绩效评价方面的专家进行发放，从经济效益、社会效益、生态效益、可持续影响以及社会公众或服务对象满意度等方面对影响政府投资基本建设项目绩效评价的指标重新进行调查研究，并采用与上文同样的筛选方法选择最终的效果阶段指标。

为弥补因数据误差可能出现的指标缺失，同时组织相关专家开展讨论会，分析筛选后的效果阶段指标在《预算绩效评价共性指标体系框架》（财预〔2013〕53号）的基础上，通过头脑风暴法对专家的意见进行集中和精化，最终得到政府投资基建设项目效果阶段绩效评价的指标如图 3-12 所示。

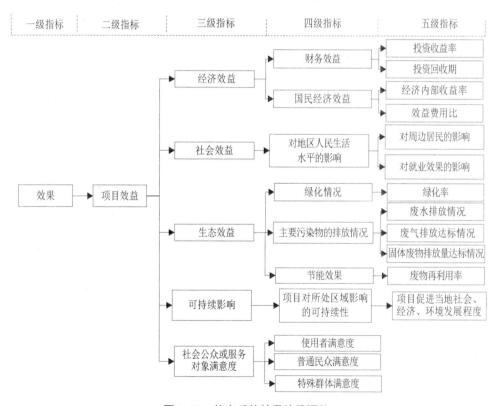

图 3-12　补充后的效果阶段评价

第三节 项目绩效评价定量化指标的构建

一、项目绩效评价定性指标定量化的替代原则及替代过程

在投入及过程阶段存在大量的定性指标，这类指标是指无法通过数量计算研究并分析待评价的内容，而采取对评价对象进行客观描述和分析来反映评价结果的指标[①]。如何对定性指标进行合理的状态描述决定了绩效评价指标体系能否得到有效的实施。受各项目部门主观意识的影响，难以进行准确有效的绩效结果评价，因此，通过对政府投资基本建设项目绩效评价各阶段的定性指标进行研究，分析这些定性指标在建设项目实施过程中可能出现的结果，并用定量化的绩效评价指标进行替代，以实现绩效评价指标的可比较、可综合，使政府部门可以基于替代性指标体系实现建设项目绩效的自评。

（一）定性指标定量化的替代原则

1. 全面性原则

在对政府投资基本建设项目绩效评价定性指标进行定量化替代时，首先要遵循全面性原则，充分考虑适应项目特征的共性和特性，使确定的指标既能反映政府投资基本建设项目的总体状况，又能反映建设项目的真实状况，要求替代后的定量化指标能够全面、系统地反映原先定性指标的数量和质量要求。

2. 相关性原则

定量化的替代指标要能够客观准确地反映政府投资基本建设项目绩效评价定性指标，确保替代后的定量化指标能够与原绩效评价定性指标具有客观现实性和整体统一性。绩效评价的目的就是利用评价结果，将其与特定的价值标准相比较，对其实现程度及因果关系进行综合性评判。因此，利用与定性指标相关并体现政府投资基本建设项目绩效评价结果的定量化替代指标，能够在更大程度上实现项目绩效评价的可靠性和科学性。

---

①周朝阳，李晓宏. 如何构建有效的财政支出绩效评价体系[J]. 武汉理工大学学报（信息与管理工程版），2007，29（8）：138-144.

3. 可控制性原则

在具体实施过程中，政府投资基本建设项目绩效评价单位为根据具体量化指标达到自评的目的，替代后的定量化指标必须是能够反映政府投资基本建设项目绩效的共同属性，定量化指标所需的数据应易于采集，适应我国目前政府投资基本建设项目的管理水平，且通过指标的范围、比例等具体可控制性的条件，实现项目绩效评价的可行性和可操作性[①]。

4. 结果导向原则

以结果导向为基础的政府投资基本建设项目绩效评价要求将项目的规划、实施、检测以及评估联系起来。从建设项目可能出现的结果出发，考虑项目开发的长期目标和深远影响以及可能出现的效益，进而实现对政府投资基本建设项目的具体投入和过程等阶段指标的替代。

（二）定性指标定量化的替代过程

1. 投入阶段定量化指标替代

在对投入阶段的定性指标进行绩效评价时，由于无法直接度量，同时在项目建设初期，并不能充分反映建设项目的真实状况，只能通过项目最终的绩效结果来评价其对政府投资基本建设项目的绩效影响，因此，需要用一定的结果性指标来替代项目投入阶段的指标。

例如质量目标中项目设计的质量标准、项目施工质量目标、项目的整体使用功能等指标，在对其进行评价时，无法直接度量。根据上述替代指标的原则，并结合国家现行管理制度的规定，在实际工程验收操作过程中，以工程优良率及交验合格率为指标对工程质量进行度量，同时，返工损失率主要作为缺陷责任期的工程项目质量的评价指标，这三个指标得到了普遍认同，此外还可采用定量化的工程优良率、交验合格率、返工损失率指标对工程质量目标以及标准进行评价[②]，这样就可以实现基于结果导向的政府投资基本建设项目的绩效评价。为避免与过

---

① 江崇民，于道中，季成叶，蔡睿. 《国民体质测定标准》的研制[J]. 体育科学，2004，24（3）：33-36.
② 高喜珍. 公共项目绩效评价体系及绩效实现机制研究[D]. 天津：天津大学，2009.

程阶段或者结果阶段的指标重复，可在项目投入阶段将这几个指标按照与实际达到的工程优良率、交验合格率等的偏差作为可度量的结果性指标，即用工程优良偏差率、交验合格偏差率、返工损失偏差率来反映政府投资基本建设项目的质量目标、质量标准等与最终项目结果的差异。其他无法直接度量的投入阶段定性指标，且只能用最终的定量化结果指标来对政府投资基本建设项目进行绩效评价，也应按照相应的替代原则并结合定性指标可能产生的最终绩效结果进行相应的替代。

2. 过程阶段定量化指标替代

与投入阶段不同，在对过程阶段的指标进行绩效评价时，通常按照在项目建设过程中可能产生的结果进行评价，这样能够及时对政府投资基本建设项目进行绩效评价，根据过程阶段的指标绩效评价结果进行绩效诊断，找出项目管理和实施中的经验和不足，并及时进行改进。因此，通过对过程阶段的指标进行阶段性定量化指标替代，能够更客观地反映政府投资基本建设项目的绩效评价情况。

例如质量控制措施中的质量管理组织机构、质量监控程序指标，由于在施工过程中就需要对质量进行有效的监控，要对检验批、隐蔽工程及分部分项工程的质量进行及时的检验，这样才能对工程质量进行有效的监督和管理，通过分析建设过程中的检验批、隐蔽工程及分部分项工程质量合格率，实现政府投资基本建设项目的质量监控。这种项目建设施工过程中的定量化替代指标同样对项目的最终绩效评价产生影响，因此，需要对项目建设过程阶段的定性指标进行详尽的分析，分析这些指标可能对建设过程产生的影响，并结合定量化指标的替代原则进行替代，以充分反映政府投资基本建设项目绩效评价的全过程性以及合理性。

3. 产出阶段定量化指标替代

产出阶段的指标比较简单，只需要根据政府投资基本建设项目的实际产出进行评价即可。通过对产出阶段的指标进行分析，仅需根据指标的替代原则对定性指标进行定量化替代，例如工程质量等级这一指标，按照工程优良率、交验合格率进行替代，分析政府投资基本建设项目产出的结果与项目投入阶段时规定的优良标准与交验合格标准等绩效目标进行对比，即可对工程质量等级进行定量化的评价。

4. 效果阶段定量化指标替代

在效果阶段，主要根据政府投资基本建设项目所带来的效益进行绩效评价，例如项目促进当地社会、经济、环境发展程度这一指标，由于项目建成对社会产生的影响，对经济形势以及环境的影响都无法直接进行度量，因此需要一个能够度量的指标进行替代，由于项目建成给社会民众带来的影响更为直观，因此，选用单位投资就业人数来体现项目建成所带来的可持续影响。效果阶段的其他指标也按照定性指标定量化替代原则进行相应的替代，即可实现政府投资基本建设项目所带来的可度量化的效益。

二、项目绩效评价定性指标定量化的替代结果

通过对政府投资基本建设项目绩效评价各个阶段的指标进行分析，阐述其可能产生的效果，结合上述定性指标的定量化替代原则，用一定的定量化结果指标来替代项目实施过程中的指标，并分析这种效果对项目过程绩效以及最终绩效的影响，得出定量化替代指标如表3-6所示。

表 3-6　定性指标定量化的结果

一级指标	二级指标	三级指标	四级指标	五级指标	结果指标
投入	项目立项	绩效目标合理性	绩效目标依据充分性	与项目所在地实际需求符合度	建设规模、建设标准达标率
			绩效目标可行性	预期收益	预期收益偏差率
		绩效指标明确性	质量目标	项目设计的质量标准、项目施工质量目标、项目的整体使用功能、项目设备的先进性	工程优良偏差率
					交验合格偏差率
					返工损失偏差率

一级指标	二级指标	三级指标	四级指标	五级指标	结果指标
投入	项目立项	绩效指标明确性	投资目标	建设期总投资	投资收益偏差率
			劳动安全卫生消防目标	劳动安全目标、卫生防护目标、消防目标	重大事故发生偏差率
					消防达标偏差率
					卫生防护达标偏差率
			环境目标	污染物排放量、对周围环境的影响	废水排放达标偏差率
					废气排放达标偏差率
					固体废物污染控制偏差率
			节能目标	资源消耗量	资源节约偏差率
		实施准备情况	项目勘察	勘察工作的合规性	不利物质条件引起的工程索赔率
			项目设计	项目设计程度	设计变更率
	资金投入	资金落实	资金到位率	财政资金到位率、配套资金到位率	财政资金到位率
					配套资金到位率
			到位及时率	财政资金到位及时率、配套资金到位及时率	财政资金到位及时率
					配套资金到位及时率
过程	业务管理	制度执行有效性	制度执行落实性	项目实施人员、设备落实到位	制度落实达标合格率
		合同管理可控性	合同变更情况	项目变更处理能力	合同价款调整比率
		项目质量可控性	质量控制措施	质量管理组织机构、质量监控程序	检验批质量合格率
					隐蔽工程质量合格率
					分部分项工程质量合格率
		项目安全可控性	安全施工措施	安全施工责任分工、安全施工检查措施	安全措施达标合格率

续表

一级指标	二级指标	三级指标	四级指标	五级指标	结果指标
过程	财务管理	管理制度健全性	项目资金管理办法健全性	会计核算制度执行情况	跟踪审计核减率
		资金使用合规性	实际投资超概率、资金利用率	实际投资超概率、资金利用率	实际投资超概率
					资金利用率
		财务监控有效性	财务监控措施的有效性	资金审查频率、资金违纪率	资金审查频率
					资金违纪率
产出	项目产出	质量目标实现程度	工程施工实际质量评价	工程质量等级、质量达标率	工程优良率
					交验合格率
					返工损失率
		时间目标实现程度	完成及时率	工程完成及时率	工程完成及时率
		投资目标实现程度	建设期总投资评价	平方造价超标率、竣工决算审计核减率、固定资产转化率	平方造价超标率
					竣工决算审计核减率
					固定资产转化率
		劳动安全卫生消防目标实现程度	劳动安全目标评价	重大事故量	重大事故发生率
			卫生防护目标评价	卫生防护达标率	卫生防护达标率
			消防目标评价	消防达标率	消防达标率
		节能目标实现程度	资源消耗的降低程度	资源节约率	资源节约率
效果	项目效益	经济效益	财务效益	投资收益率、投资回收期	投资收益率
					投资回收期
			国民经济效益	经济内部收益率、效益费用比	经济内部收益率
					效益费用比
		社会效益	对地区人民生活水平的影响	新增就业率、拆迁投诉率	新增就业率
					拆迁投诉率

一级指标	二级指标	三级指标	四级指标	五级指标	结果指标
效果	项目效益	生态效益	绿化情况	绿化率	绿化率
			主要污染物的排放情况	废水排放情况、废气排放达标情况、固体废物污染控制情况	废水排放达标率
					废气排放达标率
					固体废物污染控制情况
			节能效果	废物再利用率	废物再利用率
		可持续影响	项目对所处区域影响的可持续性	项目促进当地社会、经济、环境发展程度	单位投资就业人数
		社会公众或服务对象满意度	使用者满意度、普通民众满意度、特殊群体满意度	使用者好评率	
				普通民众好评率	
				特殊群体好评率	

第四节 项目绩效评价的结果性指标集的构建

一、项目绩效评价"一票否定"式指标的构建

通过对政府投资基本建设项目绩效评价定量化替代指标的结果进行分析，不能保证100%的定性指标都可以找到定量化的替代指标，仍有一部分定性指标无法采用定量化指标进行替代，这类指标应按照定性指标的具体属性和相应评价方法进行绩效评价。

我国目前的相关法律制度是规范建设市场交易行为，维护交易双方合法权益，从源头上遏制工程项目交易中存在的腐败现象的有效保障。遵守相关法律文件的规定，能够在一定程度上保证工程质量，降低工程造价，缩短建设工期，促进建设行业技术水平的提高。建设项目双方交易行为只有符合法定的操作规范，才能为法律所保护，不按法律法规进行的交易为无效交易行为。

通过对政府投资基本建设项目投入及过程阶段绩效指标进行分析，可以发现存在以下特点：在项目立项时，例如招投标流程、开标评标的合规性这类评价指标，根据我国《中华人民共和国招标投标法实施条例》中的相关规定，凡应报送项目审批部门审批的，招标人必须将招标范围等有关招标内容报项目审批部门核准，且依法必须进行施工招标的项目，招标人应向有关行政监督部门提交招标投标情况的书面报告，在具体的招投标流程中要符合招标、投标、开标、评标和中标的规定，如果违反相应法律法规文件的规定和要求，招投标双方将根据各自的行为承担相应的责任，同时，政府投资基本建设项目也不可能正常开工及施工，这对最终的项目绩效评价有着决定性的影响，即起着"一票否定"的作用。

与"招投标流程、开标评标的合规性"这一市场交易行为合规性相类似，"采购决策程序规范性"这一指标也是要求政府投资基本建设项目交易双方必须要按照《中华人民共和国政府采购法》中有关政府采购业务的受理、采购信息的发布、采购方法的运用以及采购合同的签订、履约验收等规定进行，否则要负相应的法律责任。

对于上述市场交易行为合法性的指标，是项目基本建设中交易双方必须要达到或遵守的要求，这类指标对最终的项目绩效评价有着决定性的影响，对政府投资基本建设项目有着"一票否决"的效果，因此将其归为"一票否决"式指标，即不再进行好坏的程度描述，而只进行是否性判断，有一项管理规定不能遵守即可认定为项目的整体绩效评价的结果是不合格的。因此，政府投资基本建设项目各部门对其进行绩效评价时，只需按照相关规定，根据项目自身情况进行是否评价即可。

二、项目绩效评价"降档评级"式指标的构建

研究政府投资基本建设项目绩效评价指标可以发现，存在申报资料完整性、申报程序合规性、项目是否立项、是否经过可行性研究、是否经过初步设计概算、资金审核合规性、项目质量标准健全性、项目调整手续完整性、支出调整手续完备性以及制度执行落实中相关资料齐全性等需要根据项目情况具体分析的指标，这些指标无法用可量化的指标来替代，同时，根据我国政府投资基本建设项目的特点，在这些条件中有个别情况没有满足的情况下，也可以进行下一步的工作，因此，这类指标也无法归入"一票否定"式指标，只能根据政府投资项目的具体建设情况进行实际分析。

应民生建设的急迫需求，政府为满足社会公共需要，快速提供政府公共服务，通常需要迅速开展政府投资基本建设项目，这就导致部分项目建设工期较为紧张，为在规定时间内完成项目目标，在项目建设各部门之间可能出现信息流通不畅，或者其他主客观原因的情况下，导致应在项目立项时就要准备的工作，例如经过立项审批、可行性研究证明项目可行、初步设计概算等工作并未及时完成，或者应提交的各种资料以及手续等不能完全满足政府投资基本建设项目绩效评价指标的要求，但是却能在一定程度上保证项目的正常进行，同时也不影响后续项目的进展情况，且该类审批手续或者相应的报告、资料等可以由政府投资基本建设项目相关人员在规定的时间内补齐。

因此，基于政府投资基本建设项目固有的特点，设定这类资料或者手续完整性指标按照"降档评级"式处理，即按照一定的降档评价规则对最终的政府投资基本建设项目的绩效进行相应的评价，可以在一定程度上提高政府投资基本建设项目绩效评价的弹性，同时也能更为合理地反映财政资金的利用效率。

本书将政府投资基本建设项目绩效评价的结果分为"优秀""良好""一般""较差"四个档次。现有申报资料完整性、申报程序合规性、项目是否立项、是否经过可行性研究等指标共10个，对这10个指标进行政府投资基本建设项目绩效评价时予以降档评级分析。规定如果其中1个或者2个指标没有达到相关规定，且可以在相应的时间内予以补充完整，可以认定为对最终的政府投资基本建设项目绩效评价没有影响，即不予降档；如果其中有3个或者4个指标没有达到相关规定，在最终的政府投资基本建设项目绩效评价的基础上进行降一档处理，即如果原先的政府投资基本建设项目绩效评价等级为"优秀"，在进行降档处理后，最终的绩效评价等级为"良好";如果其中有 5 个到 6 个指标没有达到相关规定,在最终的政府投资基本建设项目绩效评价的基础上进行降两档处理,即如果原先的政府投资基本建设项目绩效评价等级为"优秀",在进行降档处理后,最终的绩效评价等级为"一般";而如果其中有 7 个(含)以上指标没有达到相应的要求,将按照"一票否定"式指标的处理方式,即需要补齐相关资料及手续之后,才能继续开展政府投资基本建设项目。

三、项目绩效评价结果性指标的最终结果

定性指标如何进行合理的状态描述,决定了绩效评价指标体系能否得到有效实施,通过定量化指标的替代原则,结合定性指标的特点,分析其对政府投资基本建设项目的绩效影响,并按照每个阶段的替代要求进行定量化替代,并对各个阶段的指标重新进行归整,分析其可能出现的结果,最终实现了定性指标定量化替代。对于无法找到定量化替代的定性指标,根据绩效评价指标的属性以及特点,将其归为"一票否决"式指标或者"降档评级"式指标。最终的政府投资基本建设项目绩效评价结果性指标以及指标说明如附表 5 所示。

第四章 政府投资基本建设项目绩效评价指标权重计算

　　各级财政部门和预算部门开展绩效评价工作时，既要根据具体绩效评价对象的不同，以《预算绩效评价共性指标体系框架》为参考，在其中灵活选取最能体现绩效评价对象特征的共性指标，也要针对具体绩效评价对象的特点，另行设计具体的个性绩效评价指标，同时，赋予各类评价指标科学合理的权重分值，明确具体的评价标准，从而形成完善的绩效评价指标体系。

　　　　　　　——关于印发《预算绩效评价共性指标体系框架》的通知[①]

引例

基于序关系分析法的妈湾电厂节能评价指标权重计算

　　深圳妈湾电厂是深圳妈湾电力有限公司投资建成的，其作为珠江口大规模发电机组，燃煤机组的总装机容量超过 1000MW，是深圳及周边的重要电力供应源。与此同时，妈湾电厂作为新型节能环

---

　　① 关于印发《预算绩效评价共性指标体系框架》的通知（财预〔2013〕53 号）由财政部于 2013 年 4 月 21 日颁布，对绩效评价共性指标体系框架做出新的规定。

保型电厂，采取了多种节能措施和方法，达到欧盟标准。节能措施涉及面广，造成节能效果评估具有难度。因此，对此项目应用序关系分析法，在基于层析分析法的基础上进行改进主观赋权，将定性和定量结合起来进行节能指标评估。

一、节能评价指标体系的建立

妈湾电厂节能评价指标可分为三大类：一是针对运行节能的指标；二是针对技术节能的指标；三是管理类指标，包括政策、规约制定的激励惩罚类指标。分类总结如图 4-1 所示。

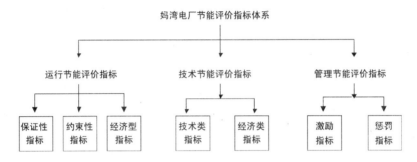

图 4-1　妈湾电厂节能评价指标体系示意图

二、用序关系分析法进行权重计算

对各指标进行两两重要性比较，确定每个指标的赋值，由

$$w_n = \left(1 + \sum_{k=2}^{n} \prod_{i=k}^{n} r_i \right)^{-1}$$

计算每个指标的权重值，得出目标的打分结果，进而对项目效果做出合理有效的评估，对现状进行评估以及对未来的决策做出理论上的依据。

三、评估分析（2014 年一季度节能评估分析）

根据序关系分析法，得出在此期间实施节能项目 14 项，其中管理节能占到 5 项，具体项目如表 4-1 所示：

表 4-1 节能项目情况汇总表

类别	运行节能	技术节能	管 节能
项目总数	5 项	4 项	5 项
资金节约	186 万	215 万	102 万

项目整体上的评估效果表明其节能情况良好，对后续设计和选择参考性较强。其中技术节能在电厂节能中处于先导地位，技术革新和改进是不断实现节能进步的根本力量。

——资料来源：马跃. 基于序关系分析法的妈湾电厂节能评估[D]. 华北电力大学，2014.

在政府投资基本建设项目绩效评价指标权重确定的阐述中，根据第一章第三节中有关权重计算方法的结论，在政府投资基本建设项目绩效评价指标权重研究中采用序关系分析法。鉴于简单的序关系分析法在专家评价环节及计算过程存在着次序难以达到一致性要求及计算量巨大、评估繁琐等诸多问题，而基于递阶层次的序关系分析法计算环节简单、低维，能够克服专家在不同时间对大量指标的重要程度排序难以达到基本一致性的缺陷。因此，在政府投资基本建设项目绩效评价指标权重计算环节中，将采用基于递阶层次的序关系分析法确定各绩效评价指标的权重。

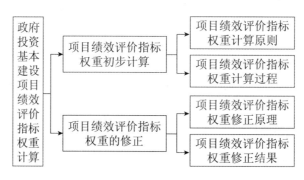

图 4-2 本章结构图

第一节 项目绩效评价指标权重初步计算

一、项目绩效评价指标权重计算原则

在政府投资基本建设项目绩效评价指标权重计算方法中已确定选用序关系法，基于序关系法下政府投资基本建设项目绩效评价指标权重的计算，考虑以下几个方面的原则：

首先，由于政府投资基本建设项目是国家主要财政支出项目，主要满足公共需要。政府投资基本建设项目的绩效评价从单纯地追求利益最大化，逐渐向关注宏观经济效益和社会效益转化。因此，在绩效评价时最先考虑的是政府投资基本建设项目的项目效益，即最为关注的是效果阶段的指标。

其次，政府投资基本建设项目产出阶段的指标将直接关系到政府投资基本建设项目向社会提供的公共服务质量好坏。因此，将产出阶段的指标排在第二层次。

再次，政府投资基本建设项目过程阶段的绩效评价指标，例如合同价款调整比率、安全措施达标合格率、检验批质量合格率、隐蔽工程质量合格率及分部分项工程质量合格率、实际投资超概率、资金利用率等，作为第三层次的指标。

最后，要考虑的是政府投资基本建设项目绩效评价通用的一些指标，这些绩效评价指标在绩效评价过程中发挥着基础性、辅助性的作用，包括项目过程阶段的平方造价超标率、竣工决算审计核减率、固定资产转化率等指标以及投入阶段剩余的指标。

对于不能进行定量化替代的定性指标，例如招投标流程、开标评标的合规性等指标划归为"一票否定"指标，申报资料完整性、项目调整手续完整性等指标按照"降档评级"进行处理，即基于最终的政府投资基本建设项目绩效结果进行评价。因此，这些指标不参与综合评分计算，同样不需要计算权重。

二、项目绩效评价指标权重计算过程

序关系分析法是决策分析者针对各个绩效评价指标相互之间重要程度的大

小，由大到小进行排序，从而得到各个绩效评价指标的序关系，并根据各个绩效指标的排序确定绩效评价指标之间的重要程度，并予以赋值，然后利用特定计算公式计算出各个绩效评价指标的权重。绩效评价指标权重的计算步骤如下：

1. 明确绩效评价指标的序关系

若绩效评价指标 X_i 相对于政府投资基本建设项目绩效评价的重要程度大于绩效评价指标 X_j 时，则将这一关系记为 $X_i > X_j$。同理，若绩效评价指标 X_i 与 X_j 对于政府投资基本建设项目绩效评价的重要程度相同时，则本书将这一关系记为 $X_i = =X_j$。

根据上述排序原则，对最终筛选出的政府投资基本建设项目绩效评价指标按其重要程度进行相应的排序。最终确定出的绩效评价指标序关系为：

拆迁投诉率= =使用者好评率>新增就业率= =绿化率>废物再利用率>新增就业偏差率= =普通民众好评率>特殊群体好评率>交验合格偏差率= =返工损失率>投资收益偏差率= =废水排放达标偏差率= =废气排放达标偏差率= =固体废物污染控制偏差率= =检验批质量合格率= =隐蔽工程质量合格率= =分部分项工程质量合格率= =安全措施达标合格率>工程优良率>交验合格率= =返工损失率= =工程完成及时率= =平方造价超标率= =竣工决算审计核减率>固定资产转化率= =重大事故发生率= =消防达标率= =投资收益率>投资回收期= =经济内部收益率= =效益费用比>废水排放减少率= =废气排放减少率= =固体废物污染控制情况= =预期收益偏差率= =工程优良偏差率>重大事故发生偏差率>消防达标偏差率>卫生防护达标偏差率==资源节约偏差率= =建设规模、建设标准达标率= =不利物质条件引起的工程索赔率>设计变更率>财政资金到位率= =配套资金到位率= =财政资金到位及时率= =配套资金到位及时率= =制度落实达标合格率= =合同价款调整比率>跟踪审计核减率= =实际投资超概率>资金利用率= =资金审查频率= =资金违纪率= =卫生防护达标率= =资源节约率

2. 为指标的重要度赋值

根据上述政府投资基本建设项目绩效评价指标的序关系，将计算出绩效评价

指标 X_i 与绩效评价指标 X_j 的重要程度之比 ω_{k-1}/ω_k（ω_k 表示第 K 个绩效评价指标的权重），这一比值记为 r_k。（$K=2，3，4…56$）

重要程度之比 r_k 相应的重要程度赋值可以参照表如表 4-2 所示。在确定出绩效评价指标的序关系之后，将根据参照表的相关数值进一步确定绩效评价指标之间的重要程度之比。

表 4-2　绩效评价指标的重要程度赋值参照表

r_k	说明
1.0	绩效评价指标 x_{k-1} 与绩效评价指标 x_k 具有同样重要性
1.2	绩效评价指标 x_{k-1} 与绩效评价指标 x_k 稍微重要
1.4	绩效评价指标 x_{k-1} 与绩效评价指标 x_k 明显重要
1.6	绩效评价指标 x_{k-1} 与绩效评价指标 x_k 强烈重要
1.8	绩效评价指标 x_{k-1} 与绩效评价指标 x_k 极端重要

3. 确定绩效评价指标的权重

根据参照表确定出绩效评价指标之间的重要程度之比后，绩效评价指标的权重需要依据权重计算公式 4-1 计算得到，公式 4-1 如下所示。

$$\omega_{55} = (1 + \sum_{k=2}^{56} \prod_{i=k}^{56} r_i)^{-1}$$

公式（4-1）

而由于重要程度之比与权重之间存在以下计算关系式，如公式 4-2 所示。

$$\omega_{k-1}/\omega_k = r_k, \quad k=56，55，…，3，2.$$

公式（4-2）

因此，计算得到绩效评价指标的权重 ω_{44} 之后，利用公式 4-2，依次计算出余下的所有绩效评价指标权重 ω_{55}，ω_{54}，…，ω_1，得出的评价指标权重结果保留到小数点后两位，如表 4-3 第四列所示。

表 4-3　权重计算表

排序	绩效评价指标名称	重要程度之比 r_i	权重 ω（%）
1	拆迁投诉率	1	4
2	使用者好评率	1	4

续表

排序	绩效评价指标名称	重要程度之比 r_i	权重 ω (%)
3	新增就业率	1.2	3
4	绿化率	1	3
5	废物再利用率	1.2	3
6	新增就业偏差率	1.2	3
7	普通民众好评率	1	3
8	特殊群体好评率	1.4	3
9	交验合格偏差率	1	2
10	返工损失偏差率	1.2	2
11	投资收益偏差率	1	2
12	废水排放达标偏差率	1	2
13	废气排放达标偏差率	1	2
14	固体废物污染控制偏差率	1	2
15	检验批质量合格率	1	2
16	隐蔽工程质量合格率	1	2
17	分部分项工程质量合格率	1	2
18	安全措施达标合格率	1.2	2
19	工程优良率	1.2	2
20	交验合格率	1	2
21	返工损失率	1	2
22	工程完成及时率	1	2
23	平方造价超标率	1	2
24	竣工决算审计核减率	1.2	2
25	固定资产转化率	1	2
26	重大事故发生率	1	2
27	消防达标率	1	2
28	投资收益率	1.4	2
29	投资回收期	1	2
30	经济内部收益率	1	2
31	效益费用比	1.2	2
32	废水排放达标率	1.2	2
33	废气排放达标率	1	2
34	固体废物污染控制情况	1	2
35	预期收益偏差率	1	1
36	工程优良偏差率	1.2	1

续表

排序	绩效评价指标名称	重要程度之比 r_i	权重 ω（%）
37	重大事故发生偏差率	1.2	1
38	消防达标偏差率	1.2	1
39	卫生防护达标偏差率	1	1
40	资源节约偏差率	1	1
41	建设规模、建设标准达标率	1	1
42	不利物质条件引起的工程索赔率	1.2	1
43	设计变更率	1.4	1
44	财政资金到位率	1	1
45	配套资金到位率	1	1
46	财政资金到位及时率	1	1
47	配套资金到位及时率	1	1
48	制度落实达标合格率	1	1
49	合同价款调整比率	1.4	1
50	跟踪审计核减率	1	1
51	实际投资超概率	1.2	1
52	资金利用率	1	1
53	资金审查频率	1	1
54	资金违纪率	1	1
55	卫生防护达标率	1	1
56	资源节约率	1	1

第二节　项目绩效评价指标权重的修正

一、项目绩效评价指标权重修正原理

由于通过序关系法计算得出的政府投资基本建设项目绩效评价指标权重尚未考虑到绩效评价指标体系的层级关系。因此，上述计算得出的绩效评价指标权重需要得到进一步修正，在绩效评价指标体系基础上使得绩效评价指标权重之和为1。

指标权重修正的具体做法是在计算出绩效评价结果指标的权重后，将各五级

指标对应的结果指标的权重相加，即得出五级指标的权重，将四级指标对应的五级指标的权重相加，即得到四级指标权重。按照这一计算程序分别计算得出三级指标、二级指标及一级指标等各级指标权重。

二、项目绩效评价指标权重修正结果

通过上述计算过程，对计算出的绩效评价指标权重进行修正，最终得出政府投资基本建设项目绩效评价指标体系的权重，结果如附表 6 所示。

第五章　政府投资基本建设项目绩效评价标准的确定

有效的决策首先要解决的是确立标准。

——德鲁克[①]

引例

西宁市"04.27"边坡工程评估标准缺失，损失惨重

一、事故简介

2007 年 4 月 27 日，青海省西宁市银鹰金融保安护卫有限公司基地边坡支护工程施工现场发生一起坍塌事故，造成 3 人死亡、1 人轻伤，直接经济损失 60 万元。

该工程拟建场地北侧为东西走向的自然山体，坡体高 12～15 米，长 145 米，自然边坡坡度 1:0.5～1:0.7。

边坡工程 9 米以上部分设计为土钉喷锚支护，9 米以下部分为毛石挡土墙，总面积为 2000 平方米。其中毛石挡土墙部分于 2007 年 3 月 21 日由施工单位分包给私人劳务队(无法人资格和施工资质)进行施工。

---

① 彼得·德鲁克（Peter F. Drucker，1909.11.19—2005.11.11），现代管理学之父，代表作有《德鲁克论管理》《21 世纪的管理挑战》《九十年代的管理》等。

4 月 27 日上午，劳务队 5 名施工人员人工开挖北侧山体边坡东侧 5 米*1 米*0.2 米毛石挡土墙基槽。下午 4 时左右，自然地面上方 5 米处坡面突然坍塌，除在基槽东端作业的 1 人逃离之外，其余 4 人被坍塌土体掩埋。

根据事故调查和责任认定，对有关责任方做出以下处理：项目经理、现场监理工程师等责任人分别受到撤职、吊销执业资格等行政处罚；施工、监理等单位分别受到资质降级、暂扣安全生产许可证等行政处罚。

二、原因分析

1. 直接原因

施工单位在没有进行地质灾害危险性评估的情况下，盲目施工，也没有根据现场的地质情况采取有针对性的防护措施，违反了自上而下分层修坡、分层施工工艺流程，从而导致了事故的发生。

2. 间接原因

建设单位在工程建设过程中，未做地质灾害危险性评估，且在未办理工程招投标、工程质量监督、工程安全监督、施工许可证的情况下组织开工建设。施工单位委派不具备项目经理执业资格的人员负责该工程的现场管理，而项目部未编制挡土墙施工方案，没有对劳务人员进行安全生产教育和安全技术交底。在山体地质情况不明、没有采取安全防护措施的情况下冒险作业。

三、专家点评

这是一起由于违反施工工艺流程、冒险施工引发的生产安全责任事故。这起事故的发生，首先是施工单位没有根据《建设工程安全生产管理条例》的要求任命具备相应执业资格的人担任项目经理；其次是施工单位没有根据《建设工程安全生产管理条例》的要求编制安全专项施工方案或安全技术措施。监理单位没有根据《建设工程安全生产管理条例》的要求审查施工组织设计中的安全专项施工方案或者安全技术措施是否符合工程建设强制性标准。对于施工过程中存在的安全隐患，监理单位没有要求施工单位予以整改。建设参建各方应认真贯彻落实《中华人民共和国建筑法》等法律、法规，严格执行质量规程、规范和标准，认真落实建设各方安全生产主体责任。

由此事故可知建筑项目在实施过程中遵守标准、规范的重要性。在项目实施之前，必须准确设定项目考核的标准，并在实施过程中严格遵守，避免类似事故的发生。同样，在对政府投资基本建设项目的绩效目标进行考核时，也必须先确定绩效目标的考核标准，从而才能判断绩效目标完成到什么程度。

——资料来源：住房和城乡建设部.建筑施工安全事故案例分析[M]. 北京：中国建筑工业出版社，2010.

标准评价作为评价工作的基本准绳，其对评价对象客观评判的对比尺度和参照功能是通过一定的载体来实现的。这些载体依据所设定指标的计量性，当可量化时表现为一定的数值，不可量化，需要质性的指标时，则表现为一定的评语。数值形成政府投资基本建设项目绩效评价的量化标准即标准值，而评语就形成质性标准。因此，应首先根据指标的性质进行分类，其次从不同阶段的绩效评价指标出发确定具体评价指标的标准值以及评价参考标准。

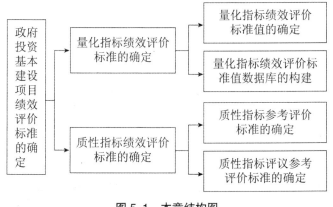

图 5-1 本章结构图

第一节 量化指标绩效评价标准的确定

一、量化指标绩效评价标准值的确定

政府投资基本建设项目绩效评价量化指标的标准值，通常是建立在国家财政主管部门根据全国行政事业单位和建设单位决算数据资料及有关统计信息的基础上，保留符合测算要求的财政支出数据，剔除掉不符合参与测算的数据，综合运用统计学方法所测算出来的相关数值的集合。

主要分为两部分来确定绩效评价指标的标准值，一是基于规范性标准确定指标的评价标准值：根据指标所选定的评价标准取值基础，并且所选取的评价标准取值基础属于规范性标准，针对这类指标绩效评价标准值的确定方式是通过国家标准、行业标准、地方标准等具体的法律法规或者政策性文件获取；二是基于参照性标准确定指标的评价标准值：指标所确定的评价标准取值基础属于参照性标准，针对这类指标绩效评价标准值的确定方式是根据实际项目的绩效评价报告，结合评价结果确定。需要进一步明确本课题量化标准值的确定对象是绩效评价五级指标所对应的结果指标。

（一）制定指标绩效评价标准值的原则

1. 规范性标准确定指标的评价标准值原则

基于规范性标准确定指标的评价标准值的原则主要是通过国家、行业、地方以及企业不同层级的法律法规或是政策性文件的查找，并且结合政府投资基本建设项目"重社会效益、轻经济效益"的本质，确定评价标准值。

2. 基于参照性标准确定指标的评价标准值原则

（1）经验标准的确定原则。通过问卷调查的方式建立经验标准。经验标准适用于缺乏同业比较资料，尤其缺乏行业标准时的绩效评价。即便两种标准同时可供使用，当行业标准不如经验标准权威性高时，为保证评价结果得到评价对象和社会公众的认可，应当选择经验标准而非行业标准。

（2）标杆标准的确定原则。首先，为了体现标杆值的标杆效果，必须进行市场调查，选取行业或相关行业先进企业的相关指标数据，而这些数据是企业的商业秘密，不易获得。其次，标杆数据并不是越先进越好，由于各项目的实际情况及项目的规模各不相同，如果都按统一的标准来选取最高的数据，得出的评价值难免有失科学性，这样得出的评价值对项目以及企业来说起不到激励约束的作用，甚至会产生负面的作用。因而，标杆数值的选取不能过高，也不能过低，一般而言，对于标杆数据的选取应考虑以下两个方面：

1）数据的时效性，任何资料和数据都有其时效性，当其超过了其自身的时效后，这类数据的参考价值也就要打折扣了，甚至会失去其价值，所以在数据收集的过程中，应该尽量收集时间比较相近的数据，这样才能保证其数据所包含的价值。

2）标杆项目的运行情况，标杆项目一般是同行业中领先的项目，这在一定程度上代表着当前市场的竞争力，这类项目的数据标准可以为项目提供明确的绩效追赶方向。但是在选取数据时应该结合待评价项目的情况，选取相应数据，如待评价项目处于发展阶段，则选择标杆数据时就应该尽量选择标杆项目处于相应时期的数据，使其具有可比性。

3. 计划标准的确定原则

首先，根据需要评价对象的类型，选取具有合理计划标准同类型项目 6～10个，其次，计算已有计划标准的平均值作为指标的评价标准值。制定评价标准值应考虑标准值要合理，制定要求较高，如果制定得科学合理，则具有较好的激励效果，计划标准过高，容易出现完不成现象，影响积极性；计划标准过低，将不能发挥激励作用。

4. 历史标准的确定原则

基于历史标准的评价标准值制定是通过查询天津市各部门、单位、项目的绩效评价指标的历史数据（一般为最近两年）作为样本，运用一定的数理统计方法计算出的各类指标的平均历史水平。其历史数据来源天津市财政局基本建设处所提供的 2013 年、2014 年、2015 年天津市政府投资基本建设项目。需要注意的是消除各个项目之间的不可比因素。

（二）制定指标绩效评价标准值的过程

1. 基于规范性标准确定指标的评价标准值

（1）投入阶段

1）人均用地。参照《天津市城市规划管理技术规定》确定此指标的评价标准值。

2）容积率。此指标同"人均用地"指标一致适用于地方标准，参照《天津市城市规划管理技术规定》确定评价标准值。

3）安全资金投入率。对于此指标的评价国家相关法律法规或政策性文件有较为明确的规定，适用于国家标准。

4）建筑体形系数。《公共建筑节能设计标准》（GB 50189-2005）《天津市公共建筑节能设计标准》（DB29-153-2010）。在此文件中规定：建筑的体形系数应小于等于 0.4，在确定"建筑体形系数"时选择标准中较高的值作为最低要求的标准值。

5）建筑总能耗。对于建筑总能耗，国家相关法规中有强制性规定，而地方法规结合地方特点和行业进行了补充，如《公共建筑节能设计标准》（GB 50189-2005）《天津市公共建筑节能设计标准》（DB29-153-2010）。在此文件中规定：对于建筑节能设计，通过改善公共建筑围护结构保温、隔热性能，提高供暖、通风和空调设备、系统的能效比，采取增进照明设备效率等措施，在保证相同的室内热环境舒适条件下，与未采取节能设施前相比，全年供暖、通风、空调和照明的总能耗应减少 50%。因此，此指标的评价标准值是 50%。

6）预期收益率。《建设项目经济评价参数》中规定基准收益率参考值为：①公路建设 6%；②污水处理项目 5%；③垃圾填埋项目 4%；④其他 5%。

7）质量达标。"质量达标"是以是否符合工程质量标准的要求来衡量项目绩效，此指标适用于《建筑工程施工质量评定标准》。

8）施工进度提前率。对于施工进度提前率，国家相关法律法规中有强制性的规定，而某些地方政府出台了实施细则对规定进一步完善。根据国家标准的规定，施工进度提前不得高于定额工期的20%，北京市地方标准规定施工进度提前不得高于定额工期的30%，上海市地方标准规定施工进度提前不得高于定额工期的15%。

通过上述分析，确定"施工进度提前率"的评价标准值是小于等于15%，原则是加强合同工期的源头管理，保障合理工期。在工程招标投标时，要将合理的施工工期安排作为招标文件的实质性要求和条件，任何单位和个人不得任意压缩合理的施工工期。

（2）过程阶段

1）检验批质量合格率。此指标在《建筑工程施工质量验收统一标准》（GB 50300-2013）中有明确的规定，而在《建筑工程施工质量评定标准》中做了进一步的完善与提升，因此，此指标在参考国家标准的基础上，适用于企业标准。《建筑工程施工质量评定标准》中对"检验批质量验收"的规定：主控项目和一般项目的质量经抽样检验均应合格。根据此规定"检验批质量合格率"的评价标准值为：①主控项目质量合格率为100%；②一般项目质量合格率质量合格率为100%。

2）分部工程质量合格率。此指标的评价标准值依据与"检验批质量合格率"一致。"分部工程质量合格率"的评价标准值是：分项工程质量合格率为100%、观感质量合格率为100%、主要分部工程质量合格率为100%。

3）实际投资超概率。这一指标的评价适用于国家标准，《国家发展改革委关于加强中央预算内投资项目概算调整管理的通知》中规定申请调整概算的项目，凡概算调增幅度超过原批复概算10%及以上的，国家发展改革委原则上先商请审计机关进行审计，待审计结束后，再视具体情况进行概算调整。基于此，本书选取低于10%作为评价标准值。

（3）产出阶段

1）工程优良率。此指标适用于《建筑工程施工质量评定标准》。此标准是北京建工集团的企业标准，内容介绍建筑工程土建和安装各分部分项的施工质量评定内容和合格、优良的具体标准。合格等级基本采用现行国家标准，而优良等级则高于国家标准。此优良等级是根据北京建工集团的能力与水平制定的，属于企业的内控指标，因此，"工程优良率"的评价标准值参考《建筑工程施工质量评定标准》，此文件对指标的规定如下：

①在合格基础上，有60%及以上的分部为优良，建筑工程必须含主体结构分部和建筑装饰装修分部工程；以建筑设备安装为主的三维工程。指定的分部工程必为优良。

②观感质量优良率在60%及以上。

2）事故发生率。此指标适用于国家标准，如《生产安全事故报告和调查处理条例》，根据此文件本课题依据事故等级反映事故发生率，具体为：

①特别重大事故，是指造成30人以上死亡，或者100人以上重伤（包括急性工业中毒，下同），或者1亿元以上直接经济损失的事故；

②重大事故，是指造成10人以上30人以下死亡，或者50人以上100人以下重伤，或者5000万元以上1亿元以下直接经济损失的事故；

③较大事故，是指造成3人以上10人以下死亡，或者10人以上50人以下重伤，或者1000万元以上5000万元以下直接经济损失的事故；

④一般事故，是指造成3人以下死亡，或者10人以下重伤，或者1000万元以下直接经济损失的事故。

无事故时确定事故发生率为0，随着事故等级的提升，事故发生率提升。

3）噪声排放标准限值。此指标在《建筑施工场界环境噪声排放标准》（GB 12523-2011）中有明确的规定，因此，此指标适用于国家标准，"噪声排放标准限值"的评价标准值昼间是70dB，夜间是55dB。

（4）效果阶段

1）投资收益率。依据基准收益率确定投资收益率的评价标准值，对于基准收益率的评价国家相关法律法规或政策性文件有较为明确的规定，适用于国家标准。《建设项目经济评价参数》中规定基准收益率参考值为：①公路建设为6%；

②污水处理项目为 5%；③垃圾填埋项目为 4%；④其他为 5%。

2）绿化率。此指标在《天津市绿化条例》中有明确的规定，因此，此指标适用于地方标准，此文件对"绿化率"的规定如下：①新建疗养院、学校、医院、体育设施、公共文化设施、机关等公共设施的绿地率不得低于 35%。②新建供水厂、污水处理厂和垃圾处理厂的绿地率不得低于 45%。

3）能耗减少率。对于能耗减少率，国家相关法规中有强制性规定，而地方法规结合地方特点和行业进行了补充，如《公共建筑节能设计标准》（GB 50189-2005）《天津市公共建筑节能设计标准》（DB29-153-2010）。在此文件中规定：对于建筑节能设计，通过改善公共建筑围护结构保温、隔热性能，提高供暖、通风和空调设备、系统的能效比，采取增进照明设备效率等措施，在保证相同的室内热环境舒适条件下，与未采取节能设施前相比，全年供暖、通风、空调和照明的总能耗应减少 50%。因此，此指标的评价标准值是 50%。

2. 基于参照性标准确定指标的评价标准值

（1）投入阶段

1）基于经验标准确定评价标准值。这类指标适用于经验标准，主要包括不利物质条件引起的工程索赔率、设计深度。依据评价标准值的确定原则，得到"不利物质条件引起的工程索赔率"的评价标准值是 10%。

设计深度的评价标准取值基础包括国家标准和经验标准，在满足国家标准强制性规定的基础上，通过经验标准予以补充。国家标准是《建设工程设计文件编制深度规定》，在《建设工程设计文件编制深度规定》中规定建筑工程设计文件的编制，必须符合国家有关法律法规和现行工程建设标准规范的规定，其中工程建设强制性标准必须严格执行。民用建筑工程一般应分为方案设计、初步设计和施工图设计三个阶段；对于技术要求相对简单的民用建筑工程，经有关主管部门同意，且合同中没有做初步设计的约定，可在方案设计审批后直接进入施工图设计。各阶段设计文件编制深度应按以下原则进行：①方案设计文件，应满足编制初步设计文件的需要。②初步设计文件，应满足编制施工图设计文件的需要。③施工图设计文件，应满足设备材料采购、非标准设备制作和施工的需要。对于将项目分别发包给几个设计单位或实施设计分包的情况，设计文件相互关联处的深度应满足各承包或分包单位设计的需要。在此基础上，结合经验标准制定"设计深度"的评价标准值是10%。

2）基于标杆标准确定评价标准值。此类指标的评价较为适用于标杆标准，因为规范性标准中对此类指标未进行明确的规定，因此选取参照性标准中的标杆标准作为指标的评价标准取值基础，并且结合标杆标准确定的原则，制定"投资强度"的评价标准值为：①医疗卫生设施（0.16万元/平方米）；②行政办公实施用地（0.57万元/平方米）；③其他（0.60万元/平方米），财政资金到位率、配套资金到位率、财政资金到位及时率以及配套资金到位及时率评价标准值均为100%。

3）基于历史标准确定评价标准值。此类指标的评价较为适用于历史标准，主要包括消防资金投入率、环保资金投入率、低碳材料投入率，因为规范性标准中对此类指标未进行明确的规定，因此选取参照性标准中的历史标准作为指标的评价标准取值基础，并且结合历史标准确定的原则，制定"消防资金投入率"的评价标准值是2%、"坏保资金投入率"的评价标准值是2%、"低碳材料投入率"的评价标准值是2%。

（2）过程阶段

1）基于经验标准确定评价标准值。这类指标包括隐蔽工程质量合格率、安全措施达标合格率、制度落实达标合格率、劳动力安全完成率。这类指标较为适用于经验标准，通过基于经验标准制定评价标准值的原则，"安全措施达标合格率"的评价标准值为100%，"隐蔽工程质量合格率"的评价标准值为100%，"制度落实达标合格率"的评价标准值为100%，"劳动力安全完成率"的评价标准值为100%。

2）基于标杆标准确定评价标准值。这类指标适用于标杆标准，主要包括跟踪审计核减率标杆标准、合同价款调整比率。依据评价标准值的确定原则，得到

"跟踪审计核减率标杆标准"的评价标准值是 5%，"合同价款调整比率"的评价标准值是 10%。

3）基于计划标准确定评价标准值。这类指标适用于计划标准，主要包括资金利用率、项目计划工期率。依据评价标准值的确定原则，"资金利用率"的评价标准值是 100%，"项目计划工期率"的评价标准值是 0.75～1。

4）基于历史标准确定评价标准值。这类指标适用于历史标准，主要包括资金审查频率、资金提前支出比率。依据评价标准值的确定原则，得到"资金审查频率"的评价标准值是 4.75 次/月，"资金提前支出比率"的评价标准值是 20%。

（3）产出阶段

1）基于经验标准确定评价标准值。这类指标适用于经验标准，主要包括工程成本节约率、资源节约率，依据评价标准值的确定原则，得到"工程成本节约率"的评价标准值是 12%，在区间内值越高，说明企业通过创新降低成本的能力越强，"资源节约率"的评价标准值是 2%。

2）基于标杆标准确定评价标准值。这类指标适用于标杆标准，主要包括"竣工决算审计核减率""卫生防护达标率"。依据评价标准值的确定原则，得到"竣工决算审计核减率"的评价标准值为 5%，"卫生防护达标率"的评价标准值为 100%，主要评价指标方面包括防火防爆、电气安全及防雷、防机械伤害及坠落伤害措施、噪声及振动防护、粉尘危害控制、毒物危害的控制、高温危害防护。

3）基于计划标准确定评价标准值。这类指标适用于计划标准，主要包括消防达标率、工程完成及时率、工程实际完成率、固定资产转化率、质量达标率。依据评价标准值的确定原则，确定"消防达标率"的评价标准值为 100%，"工程完成及时率"的评价标准值为 100%，"工程实际完成率"的评价标准值为 100%，"固定资产转化率"的评价标准值为 80%，"质量达标率"的评价标准值为 100%。

4）基于历史标准确定评价标准值。这类指标适用于历史标准，主要包括返工损失率、废气排放达标率、固体废物污染控制情况、平方造价超标率。依据评价标准值的确定原则，确定"返工损失率"的评价标准值为 ≤0.5‰，"废气排放达标率"的评价标准值为 100%，"固体废物污染控制情况"的评价标准值为 90‰，"平方造价超标率"的评价标准值为小于等于 0.03 万/平方米。

（4）效果阶段

1）基于经验标准确定评价标准值。这类指标适用于经验标准，主要包括投资回收期、效益费用比、经济内部收益率、新增就业率指数、拆迁投诉率、劳动生产率贡献度、管理规模比，依据评价标准值的确定原则，得到"投资回收期"的评价标准值为从达产期 5 年，值越小越好；"效益费用比"的评价标准值为大于等于 1.0，值越大越好；"经济内部收益率"的评价标准值为 8%，值越大越好，"新增就业率指数"的评价标准值为 0.5%，"拆迁投诉率"的评价标准值为（0～0.04），"劳动生产率贡献度"的评价标准值为（0～1），"管理规模比"的评价标准值为2%～5%。

2）基于标杆标准确定评价标准值。这类指标适用于标杆标准，主要包括人均水资源拥有量变动率、人均耕地面积变动率、能源年消耗量变动率降低，依据评价标准值的确定原则，得到"人均水资源拥有量变动率"的评价标准值为 0.1‰，"人均耕地面积变动率"的评价标准值为 0.2‰，其中基期是 1996 年人均耕地面积1.59 亩，"能源年消耗量变动率降低"的评价标准值为 4% 。

3）基于历史标准确定评价标准值。这类指标适用于历史标准，主要包括使用者好评率、普通民众好评率、达产时间。依据评价标准值的确定原则，确定"使用者好评率"的评价标准值为大于等于 90%，"普通民众好评率"的评价标准值为大于等于 90%，达产时间的评价标准值为小于等于 2 年。

二、量化指标绩效评价标准值数据库的构建

根据上述的分析，得到政府投资基本建设项目绩效评价量化指标的评价标准值如附表 7 所示。

第二节　质性指标绩效评价标准的确定

一、质性指标参考评价标准的确定

（一）质性指标参考标准的制定方式

质性标准是对质性指标进行综合分析判断的客观参考，一般是根据评价指标的概念和内涵，结合企业价值取向和宏观经济运行要求，从抽象的角度确定质性评价指标的不同层次要求。质性评价指标不像量化评价指标那样具有较强的客观性，在评价时容易受到评价人员的知识、经验、判断能力和对评价标准把握程度的影响。

对于两类质性指标："一票否决""降档评级"，在确定了各质性指标评价标准取值的基础上，质性标准的设置可从以下方案中确定判断基础或依据：

判断方案一：规范性标准规定。对于某些程序性指标，可通过规范性标准，即国家标准、行业标准等均做了详细的规定和描述；

判断方案二：专家经验。专家凭借自己的经验，综合当时的政治经济发展形势，以及以往年份同类项目、机构或部门所创造的经济效益和社会效益，并结合一定的国际经验，对有关绩效做出判断。作为评价标准的专家经验评语，应该是在一定数量专家共同论证的基础上，综合各个单个专家的经验评语，依据一定的数量统计方法，选取一个能够代表大多数专家意见的经验评语；

判断方案三：问卷调查。对于一些涉及调整手续完备性、项目质量标准健全性的指标，可通过问卷调查的方式建立标准取值基础。

（二）质性指标评议参考标准的确定

"一票否决"指标是指不再进行好坏的程度描述，而只进行是否性判断，有一项管理规定不能遵守即可认定为项目的整体绩效评价的结果是不合格的。所谓"降档评级"指标，其本身无法用量化的指标进行替代，并且个别情况下即使没有达到要求也可以进行下一步工作，其严格性低于"一票否决"指标。因此，"一票否决"与"降档评级"指标参考标准的制定过程是一致的，主要是根据已选取的评价标准取值基础确定，针对两类指标将建立强制性参考标准，两者的区别点主要在评价标准系数方面。

投入阶段质性指标参考标准的确定对象是绩效评价五级指标。政府投资基本建设项目绩效评价质性指标主要分布在投入阶段和过程阶段。投入阶段包括申报资料完整性、申报程序合规性、项目前期手续的批复及决议文件、低碳环保制度完善程度、项目征地拆迁合规性和资金审核合规性等七项指标，过程阶段包括调整手续完备性、相关资料齐全性以及项目质量标准健全性等四项指标，根据指标所确定的评价标准取值基础，质性指标参考标准主要根据在质性指标参考标准的制定方式中确定的判断方案并结合政府投资基本建设项目绩效评价质性指标的特点，以"项目前期手续的批复及决议文件"为例，进行质性指标参考标准的制定。

对于"项目前期手续的批复及决议文件"指标的规定，从国家到地方都有明确的相关法律、法规、规章、规程的要求，例如《天津市人民政府关于政府投资项目全部进入行政许可服务中心实行联合审批有关事项的通知》，这些文件已有较为具体的说明。基于天津市财政局，具体指标的应用适用于天津市地方政策，因此对于这一指标的评价主要采用地方标准。根据《天津市人民政府关于政府投资项目全部进入行政许可服务中心实行联合审批有关事项的通知》中规定，政府投资项目联合审批实行统一办理规程，具体规程如图 5-2 所示。

根据图 5-2 中立项与可行性研究报告、初步设计、开工许可三个阶段审批程序，可得到该阶段相应的批复文件和决议文件，这些文件即为"项目前期手续的批复及决议文件"这一指标的参考标准，具体如下：

（1）立项与可行性研究阶段。项目建议书批复文件、建设项目规划选址意见许可、环境影响书面许可、固定资产投资项目合理用能审批许可、项目可行性研究报告批复文件；

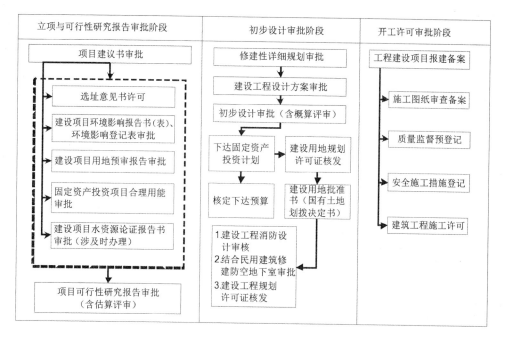

图 5-2　天津市政府投资项目联合审批办理规程图

（2）初步设计审批阶段。修建性详细规划批复文件、建设工程设计方案批复文件、初步设计审批文件（含概算评审）、建设用地规划许可证、建设工程消防设计批复文件、建设用地批准书（国有土地划拨决定书）、建设工程规划许可证；

（3）开工许可审批阶段。在此阶段应完成工程建设项目报建备案，主要包括施工图纸审查备案、质量监督预登记、安全施工措施登记以及建筑工程施工许可。这些质性指标参考标准的制定过程与制定方法与"项目征地拆迁合规性"基本一致，具体各指标的参考标准如附表 8 所示。

二、质性指标评议参考评价标准的确定

与量化指标不同，质性指标的评价标准主要指标准级别（合格、不合格）。与制定的参考标准规定一致，即认为该指标合格，反之，认定为不合格。政府投资基本建设项目绩效评价指标中包含 11 个质性指标，其中 2 个"一票否定"式指

标，9个"降档评级"式指标。

（1）"一票否定"式指标

"一票否定"式指标的评价不再进行分值程度的描述，而只进行合格与否的判断，依据本书制定的质性指标参考标准，若有一项管理规定不能遵守即可认定为该指标不合格，进而对项目的整体绩效评价的结果做出否定，当所有管理规定均符合，才认定指标是合格的。因此，政府投资基本建设项目各部门对其进行绩效评价时，只需按照制定的评价参考标准，根据项目自身情况进行合格与否判断即可。

（2）"降档评级"式指标

政府投资基本建设项目绩效评价结果分为"优秀""良好""一般""较差"四个档次。政府投资基本建设项目绩效评价结果的降档原则是参照制定的质性指标参考标准认定的"降档评价"式指标不合格的数量确定。申报资料完整性、申报程序合规性、项目前期手续的批复及决议文件等指标共9个，对这9个指标进行政府投资基本建设项目绩效评价时予以降档评级分析。例如，规定如果其中1个或者2个指标没有达到相关规定（不合格），且可以在相应的时间内予以补充完整，可以认定为对最终的政府投资基本建设项目绩效评价没有影响，即不予降档；如果其中有3个或者4个指标没有达到相关规定（不合格），在最终的政府投资基本建设项目绩效评价的基础上进行降一档处理，即如果原先的政府投资基本建设项目绩效评价等级为"优秀"，在进行降档处理后，最终的绩效评价等级为"良好"；如果其中有5个到6个指标没有达到相关规定（不合格），在最终的政府投资基本建设项目绩效评价的基础上进行降两档处理，即如果原先的政府投资基本建设项目绩效评价等级为"优秀"，在进行降档处理后，最终的绩效评价等级为"一般"；而如果其中有7个（含）以上指标没有达到相应的要求（不合格），将按照"一票否定"式指标的处理方式，即需要补齐相关资料及手续之后，才能继续开展政府投资基本建设项目。具体政府投资基本建设项目评价阶段降档评级规定如表5-1所示。

表 5-1 政府投资基本建设项目评价阶段降档评级规定

序号	条件	降档结果
1	①所有指标均达到相关规定（合格）； ②其中 1 个或者 2 个指标没有达到相关规定（不合格），且可以在相应的时间内予以补充完整；	不予降档
2	①其中 1 个或者 2 个指标没有达到相关规定（不合格），且无法在相应的时间内予以补充完整； ②其中有 3 个或者 4 个指标没有达到相关规定（不合格），且可以在相应的时间内将 2 个以上指标资料予以补充完整；	降一档
3	①其中有 3 个或者 4 个指标没有达到相关规定（不合格），且无法在相应的时间内予以补充完整； ②其中有 5 个到 6 个指标没有达到相关规定（不合格），且可以在相应的时间内将 2 个以上指标资料予以补充完整；	降两档
4	①其中有 5 个到 6 个指标没有达到相关规定（不合格），且无法在相应的时间内予以补充完整； ②如果其中有 7 个(含)以上指标没有达到相应的要求(不合格)；	按照"一票否定"式指标的处理

第六章 某市教育园区职业学院工程绩效评价案例分析

第一节 案例背景及概况

一、案例背景

（1）整合市教育资源，启动职教新区建设工程

为进一步整合该市教育资源，推动国家职业教育改革试验区建设，促进该市经济平稳快速增长，该市第九届委员会第五次全体会议通过的《中共某市市委2009年工作要点》和市长在该市第十五届人民代表大会第二次会议上作的《政府工作报告》均明确提出："启动职教新区建设工程。"

（2）项目预期规划，工程分期建设

该项目规划总占地面积37.04平方公里，总人口规模30万人左右，其中学生规模约20万人，规划入住10所职业学校和2所高校。一期规划占地面积9.69平方公里，规划人口规模10万人，其中学生规模达到6万人，包括某电子信息职业技术学院、某职业技术学院等5所高职和2所中职院校入园。一期工程已于2011年3月完工，于4月顺利完成一期7所职业院校的整体进驻。

二期建设项目区位于某河中游南岸地区，总用地面积1429.8公顷。二期主要建设多所大学以及高职院校，办学规模近8万人，并建设了总部经济区和科研项目转化区。

（3）某青年职业学院——专业高职学院

作为第二批入园的学校之一，某青年职业学院已有 50 余年办学历史，是经市政府批准、教育部备案设立的公办高等职业技术学院，属于国家普通高等院校系列，依托培养优秀青年干部的学府——某市团校而建立。学校是该市唯一一所社会管理与服务类高职学院，已培养了数万名优秀青年干部，其中很多同志已经走上了重要领导岗位。

二、案例概况

（一）项目性质：新建工程项目

（二）主要建设内容

新建某青年职业学院工程项目选址于教育园区二期范围内，四至范围：东至经七路，南至纬二路，西至经八路，北至纬一路。总用地面积 275800 平方米，总建筑面积 74879 平方米。建设内容包括：教学楼、第一实训楼、第二实训楼、行政楼、训练馆、1 号宿舍楼（男生）、2 号宿舍楼（女生）、学生公寓、后勤楼一、后勤楼二、后勤楼三、运动场看台、食堂、南门警务室、东门警务室、西门警务室等。

（三）项目建设资金与施工工期

1. 项目建设资金

本工程初设批复概算总投资 65,200.00 万元，其中：工程费用 41,621.96 万元，工程建设其他费用 21,163.12 万元（含征地费 14,480.00 万元），预备费 2,414.92 万元（一类费 41,621.96 万元，二类费 21,163.12 万元，预备费 2,414.92 万元）。建设资金来源为原校区土地置换收入。工程实际完成投资 649,932,217.56 元，其中：原校区土地置换资金 380,000,000.00 元，某教育园区管理委员会资金 269,932,217.56 元。

2. 施工工期

可行性研究中预计工程工期 28 个月，施工合同中施工计划开工日期为 2012

年 6 月 1 日，计划完工日期为 2014 年 10 月 31 日，工期总长 29 个月。

（四）效益目标

1. 经济效益目标

某青年职业学院是该市唯一一所社会管理与服务类高职学院，"十二五期间"学院计划重点发展社区与民政、烹饪与营养和旅游服务方向的专业群，不断完善计算机服务、商贸服务、法务服务专业群，积极开发服装等相关工艺技术专业群。项目的建设是完善学校专业设置的重要保障，可使学院办学规模从目前的 3800 人扩大到 6000 人，能为社会培养更多、更好的高素质、高技能的应用型人才，符合该市的经济社会发展趋势，是培养现代服务业人才、促进该市经济发展的有力举措。

2. 社会效益目标

某青年职业学院是该市培养服务类人才的重要基地。项目的建设可极大提高学院的办学水平，改善学校教育环境，利用教育园区内教育资源的聚集效应，推进办学模式的改革创新。项目将加快实施"现代服务业"专业领域的技能型紧缺人才培养培训，推进国家职业教育改革试验区的建设。同时，项目的建设是加快教育园区整体建设进程的重要环节，是促进该市职业教育资源整合、实现职业教育规模化发展的有效途径。

3. 环境控制目标

声环境质量原则上执行《声环境质量标准》（GB3096-2008）规定的 1 类和 4a 类功能区标准；空气环境质量执行《环境空气质量标准》（GB3095-1996）规定的二类功能区标准；污水排放执行《污水综合排放标准》（DB12/356-2008）的三级排放标准；固体废物以无害化处理为控制目标。

（五）项目绩效评价依据

1. 绩效评价政策依据

（1）财政部关于印发《预算绩效评价共性指标体系框架》的通知（财预〔2013〕53 号）

（2）天津市财政局《天津市财政支出绩效评价管理办法》（津政办发〔2012〕2号）

（3）财政部《预算绩效管理工作规划（2012-2015年）》（财预〔2012〕396号）

（4）财政部《财政支出绩效评价管理暂行办法》（财预〔2011〕285号）

2. 项目相关资料及信息

依据绩效评价相关文件中规定的内容并结合工程的具体情况，编制了绩效评价报告所需的相关资料及信息，如表6-1所示。

表 6-1 绩效评价报告相关资料及信息

序号	资料类别	资料名称
1	建设单位相关文件及批文	项目建议书
		可行性研究报告
		工程立项的批复
		工程初步设计的批复
2	设计相关资料	初步设计说明书
		总概算书
		有关设计变更的相关合同、协议或说明
3	招投标相关资料	招标公告
		招标文件
		评标报告
		中标通知书
4	各类相关合同	勘察合同
		设计合同
		监理合同
		施工合同
5	建设单位相关资料	建设单位项目管理手册
		相关行业建设标准规范
		建设单位资金管理办法/财务制度
6	施工单位相关资料	施工方案（施工组织设计）
		项目管理实施细则

序号	资料类别	资料名称
7	监理单位相关资料	监理规划
		监理方案
		监理月报
		监理会议纪要
		竣工验收监理评估报告
8	项目后期相关资料	工程结算审核报告
		决算报告（或决算书）
		施工单位竣工报告
		工程竣工验收报告
9	实地调研访谈获取的信息	实地调研访谈及调研问卷
10	图片资料	项目建设前、中、后的工程相关图片及领导视察相关资料

第二节　案例绩效评价过程分析

一、案例绩效评价指标体系的完善

结合案例给出具体项目中绩效评价指标体系的建立过程。该建设项目的绩效评价初始集指标的初选采用与政府投资基本建设项目相同的分析法，并结合文献勾选法对项目绩效评价指标进行选择，即在《预算绩效评价共性指标体系框架》（财预〔2013〕53 号）的基础上，结合《普通高等学校建筑面积指标》等标准文件，并通过一系列的学校建设项目设计文件和绩效评估报告以及相关文献，对各级指标重新进行梳理，开发合适的具体指标。

具体该学院建设项目效果阶段的细化指标来源如表 6-2 所示。

表 6-2　案例建设项目细化指标的来源

指标	指标来源	标准文件	绩效报告	设计文件	文献							合计
					刘丹平①	翟东晖②	谢松③	章磊④	吴建南⑤	岳云彤⑥	丛九源⑦	
投入阶段个性指标	是否符合教育政策			✓	✓							2
	人才培养计划合理性			✓	✓							2
	校园规划符合度			✓	✓							2
	办学规模合理性	✓	✓							✓		3
	教师满意度						✓			✓	✓	3
	学生满意度						✓			✓	✓	3
	毕业生用人单位满意率					✓						1
效果阶段个性指标	给当地教育带来的发展机会						✓					1
	办学条件的改善、学习环境的改善、学校声誉的影响、学生入学率提高幅度		✓					✓	✓			3
	毕业生升学率					✓		✓				2
	毕业生就业率		✓			✓					✓	3
	教师水平提高率					✓						1
	学校声誉的影响		✓									1
	对教师的吸引程度							✓	✓	✓		3
	对学生的吸引程度							✓	✓			2
	对科技发展的影响					✓					✓	2
	社会公众文化素质水平					✓		✓				2
	项目促进当地社会、经济、环境发展程度					✓			✓	✓		3
	在校学生满意度					✓		✓		✓		3
	管理方式持续性			✓								1

① 刘丹平. 高等院校基本建设投资项目评估办法的研究[D]. 南京：河海大学，2004.

② 翟东晖. 高等教育投资后评估体系研究[D]. 哈尔滨：哈尔滨理工大学，2005.

③ 谢松. 高等学校建设项目后评价研究[D]. 重庆：重庆大学，2011.

④ 章磊，张艳飞，李贵宁. 财政支出项目绩效评价指标体系设计框架及其应用研究[J]. 当代财经，2008（8）：52-56.

⑤ 吴建南，刘佳. 构建基于逻辑模型的财政支出绩效评价体系——以农业财政支出为例[J]. 中南财经政法大学学报，2007（2）：70-75.

⑥ 岳云彤. 沈阳东湖学校建设项目的经济评价研究[D]. 吉林：吉林大学，2012.

⑦ 丛九源. 基于 GFNN 的高校建设项目绩效评级研究[D]. 大连：大连理工大学，2009.

如表 6-2 所示，该学院建设项目绩效评价的细化指标中的大部分统计频数是 2 及 2 以上，可作为初始细化指标集的指标，虽然其中部分指标的统计频数为 1，但是为保证初始指标集的全面性，也将其作为初始细化指标集的一部分。

因此，在一般政府投资建设项目指标的基本框架下，结合该学院建设项目的具体特点，通过增减四级指标和细化五级指标，完成了该学院建设项目初始指标集的选择，其中，该学院建设项目绩效评价过程阶段和产出阶段的指标与一般政府投资基本建设项目绩效评价中这两个阶段的指标相同，因此，仅对该学院建设项目绩效评价投入与效果阶段的指标进行分析。

通过对投入阶段、效果阶段该学院建设项目绩效评价细化指标变量进行聚类，并按照隶属度较高的原则选择每类的代表性指标，从而得到最终评价指标集的结果。结合政府投资基本建设项目绩效评价指标，得出该学院建设项目最终评价指标集。具体情况如图 6-1、图 6-2 所示。

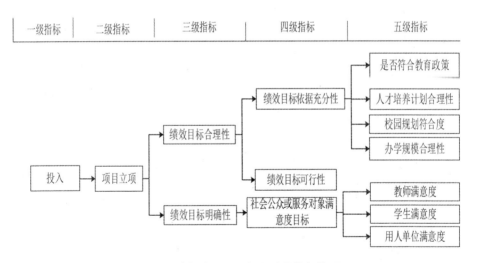

图 6-1　案例建设项目投入阶段指标体系

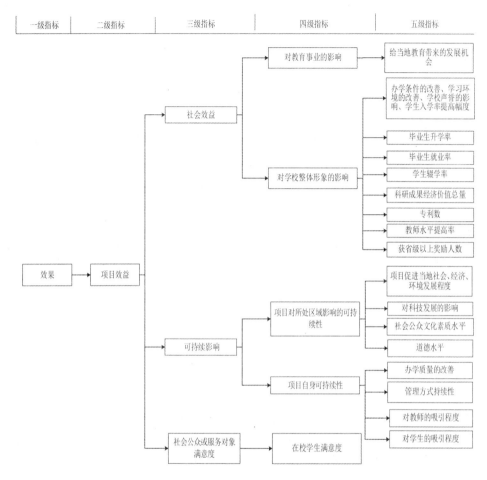

图 6-2 案例建设项目效果阶段指标体系

二、案例绩效评价结果指标权重的计算

高等学校建设项目绩效评价结果研究是实施绩效评价的意义所在，通过项目绩效结果可以明确财政资金的使用效益，发现高等学校基本建设项目实施和管理中存在的缺点和不足。作为编制预算的重要参考依据，对绩效评价的结果进行评价能够提高高等学校建设项目在资源配置方面的效率。

通过对案例建设项目的各个阶段指标进行详尽分析，可以发现采用上述筛选出的最终指标作为绩效评价指标时，因其所包含的指标仍有很大一部分是定性指标，对其进行绩效评价时，观察期延长，花费加大，得到的结果信服度也可能较低。因此，需对定性的指标进行定量化研究，参考其他学科一些可行做法，可以采用一些替代指标代替定性指标，通过项目进展过程来判断其可能出现的结果，以结果为导向开发定性指标的终极定量化替代指标，以实现绩效评价指标的可比较、可综合，使高等学校建设相关部门可以基于替代性指标体系实现项目绩效的自评。按照政府投资基本建设项目绩效评价结果性指标研究思路，分别对高等学校中的可量化的定性指标进行替代，最终得到该案例建设项目绩效评价结果性指标细化情况（政府投资基本建设项目结果性指标详见附表5）。

与政府投资基本建设项目绩效评价指标权重计算一样，在对该学院建设项目绩效评价指标权重进行计算时，同样采用序关系分析法，按照序关系分析法的计算步骤，第一步，初步计算出绩效评价指标的权重；第二步，根据绩效评价指标体系的层次关系，对第一步计算出的绩效评价指标权重进行适当修正，最终确定出该学院建设项目绩效评价指标体系的权重如表6-3所示。

表6-3 案例绩效评价结果性指标及权重

一级指标	二级指标	三级指标	四级指标	五级指标	结果指标	权重（%）
投入	项目立项	绩效目标合理性	绩效目标依据充分性	是否符合教育政策	"降档评级"指标	0
				人才培养计划合理性	高等学校就业率	1
				校园规划符合度	生均占地面积	2
				办学规模合理性	生源数量	2
		绩效目标明确性	社会公众或服务对象满意度目标	教师满意度	教师好评率	1
				学生满意度	学生好评率	1
				用人单位满意度	用人单位好评率	1

续表

一级指标	二级指标	三级指标	四级指标	五级指标	结果指标	权重（%）
效果	项目效益	社会效益	对教育事业的影响	给当地教育带来的发展机会	教育专项经费增幅程度	3
			对学校整体形象的影响	办学条件的改善、学习环境的改善、学校声誉的影响、学生入学率提高幅度	学校综合排名	4
					学生入学率提高幅度	3
		可持续影响	项目对所处区域影响的可持续性	项目促进当地社会、经济、环境发展程度	社会公众文化素质水平	3
			项目自身可持续性	办学质量的改善	学生继续深造率	3
		社会公众或服务对象满意度	使用者满意度、普通民众满意度	在校学生满意度	学生好评率	2

三、案例绩效评价标准的确定

绩效评价标准主要分为量化指标的绩效评价标准和质性指标的绩效评价标准，其中量化指标评价标准值主要分为两类：一是区间型评价标准值；二是固定数型评价标准值。对于区间型评价标准值，选取非等距区间递进平均算法，制定标准区间包含两个前提：第一，将区间当作 U 型曲线，区间的中间（峰值）是评价得分最高的。第二，指标的绩效评价结果达到基本的评价标准值，即可得到80分左右，在此前提下，由峰值向两端计算标准区间的端点值。

质性指标的评价标准主要指标准级别（合格、不合格）。与本书制定的参考标准规定一致，即认为该指标合格，反之，认定为不合格，其评价标准如表 6-4 所示。

表 6-4　案例工程项目绩效评价指标标准

一级指标	二级指标	三级指标	四级指标	五级指标	结果指标	标准值取值基础	标准值	评价标准 标准区间	评价标准 分值
投入 (25)	项目立项 (21)	项目立项规范性 (0)	项目申报合规性 (0)	申报资料完整性 (0)	"降档评级"指标	—	—	—	0
				申报程序合规性 (0)	"降档评级"指标	—	—	—	0
			项目决策规范性 (0)	项目前期手续的批复及决议文件 (0)	"降档评级"指标	—	—	—	0
		绩效目标合理性 (6)	绩效目标依据充分性 (5)	是否符合教育政策 (0)	"降档评级"指标	—	—	—	0
				人才培养计划合理性 (1)	高等学校就业率	历史标准	大于等于 90%	70%以下	60
								[70%, 85%)	70
								[85%, 92%)	80
								[92%, 97%)	90
								[97%, 100%]	100
				校园规划符合度 (2)	生均占地面积	国家标准	54 平方米/生	40 以下	60
								(40, 42]	70
								(42, 46]	80
								(46, 50]	90
								[50, 54]	100
				办学规模合理性 (2)	生员数量	经验标准	与实际相符	70%以下	60
								[70%, 82%)	70
								[82%, 90%)	80
								[90%, 96%)	90
								[96%, 100%]	100
			绩效目标可行性 (1)	预期收益 (1)	预期收益率	国家标准	6%	3.5%以下	60
								[3.5%, 5%)	70
								[5%, 6.5%)	80
								[6.5%, 7.0%)	90
								7.0%以上	100

续表

一级指标	二级指标	三级指标	四级指标	五级指标	结果指标	标准值取值基础	标准值	评价标准 标准区间	分值
投入 (25)	项目立项 (21)	绩效目标明确性 (13)	质量目标 (2)	项目设计的质量目标、项目施工质量目标 (2)	质量达标	企业标准	检验批、分项工程、分部工程、单位工程四个方面的施工质量合格率均达到100%	70%以下	60
								[70%,82%)	70
								[82%,90%)	80
								[90%,96%)	90
								[96%,100%]	100
			进度目标 (1)	项目的进度目标 (1)	施工进度提前率	国家标准 地方标准	小于等于15%	0以下或15%以上	60
								[0,7%)	70
								[7%,10.5%)	80
								[10.5%,13.5%)	90
								[13.5%,15%]	100
			投资目标 (1)	建设期总投资 (1)	投资强度	标杆标准	其他 (0.60万元/平方米)	0.55万元/平方米以下	60
								[0.55,0.62)	70
								[0.62,0.67)	80
								[0.67,0.70)	90
								0.70以上	100
			劳动安全卫生消防目标 (2)	劳动安全目标、卫生防护目标、消防目标 (2)	安全资金投入率	国家标准	市政公用工程 1.5%	1%以下	60
								[1%,1.5%)	70
								[1.5%,2%)	80
								[2%,2.3%)	90
								2.3%以上	100

续表

一级指标	二级指标	三级指标	四级指标	五级指标	结果指标	标准值取值基础	标准值	评价标准 标准区间	分值
投入(25)	项目立项(21)	绩效目标明确性(13)	环境目标(2)	劳动安全目标、卫生防护目标、消防目标(2)	消防资金投入率	历史标准	2%	1%以下	60
								[1%, 1.5%)	70
								[1.5%, 2%)	80
								[2%, 2.5%)	90
								2.5%以上	100
				环保设备目标(1)	环保资金投入率	历史标准	2%	1%以下	60
								[1%, 1.5%)	70
								[1.5%, 2%)	80
								[2%, 2.5%)	90
								2.5%以上	100
				低碳环保制度完善程度(0)	"降档评级"指标	—	—	—	0
			节能目标(2)	低碳材料目标(1)	低碳材料投入率	历史标准	2%	1%以下	60
								[1%, 1.5%)	70
								[1.5%, 2%)	80
								[2%, 2.5%)	90
								2.5%以上	100
				建设节能能耗(2)	建筑体型系数	国家标准	小于0.3	0.6以上	60
								[0.5, 0.6)	70
								[0.4, 0.5)	80
								[0.3, 0.4)	90
								0.3以下	100

续表

一级指标	二级指标	三级指标	四级指标	五级指标	结果指标	标准值取值基础	标准值	评价标准（标准区间）	分值
投入（25）	项目立项（21）	绩效目标明确性（13）	社会公众或服务对象满意度目标（3）	教师满意度（1）	教师好评率	历史标准	大于等于90%	70%以下	60
								[70%, 85%)	70
								[85%, 92%)	80
								[92%, 97%)	90
								[97%, 100%]	100
				学生满意度（1）	学生好评率	历史标准	大于等于90%	70%以下	60
								[70%, 85%)	70
								[85%, 92%)	80
								[92%, 97%)	90
								[97%, 100%]	100
			社会公众或服务对象满意度目标（3）	用人单位满意度（1）	用人单位好评率	历史标准	大于等于90%	70%以下	60
								[70%, 85%)	70
								[85%, 92%)	80
								[92%, 97%)	90
								[97%, 100%]	100
		实施准备情况（2）	项目勘察（1）	勘察工作的合规性（1）	不利物质条件引起的工程索赔率	经验标准	小于等于10%	10%以上	60
								(5%, 10%)	70
								(2.5%, 5%)	80
								(1%, 2.5%)	90
								[0%, 1%)	100

105

续表

一级指标	二级指标	三级指标	四级指标	五级指标	结果指标	标准值取值基础	标准值	评价标准 标准区间	分值
	项目立项（21）	实施准备情况（2）	项目设计（1）	项目设计深度（1）	设计深度	国家标准经验标准	小于等于10%	10%以上	60
								[5%，10%)	70
								[2.5%，5%)	80
								[1%，2.5%)	90
								[0%，1%]	100
			征地拆迁（0）	项目征地拆迁合规性（0）	"降档评级"指标	—	—	—	0
			招投标组织实施（0）	招投标流程、开示评标的合规性（C）	"一票否定"指标	—	—	—	0
投入（25）	资金投入（4）	资金筹集（0）	资金审核合规性（0）	"降档评级"指标（0）	—	—	—	0
	资金投入（4）	资金落实（4）	资金到位率（2）	财政资金到位率、配套资金到位率（2）	财政资金到位率	标杆标准	100%	70%以下	60
								[70%，85%)	70
								[85%，92%)	80
								[92%，97%)	90
								[97%，100%]	100
	资金投入（4）	资金落实（4）	资金到位率（2）	财政资金到位率、配套资金到位率（2）	配套资金到位率	标杆标准	100%	70%以下	60
								[70%，85%)	70
								[85%，92%)	80
								[92%，97%)	90
								[97%，100%]	100

续表

一级指标	二级指标	三级指标	四级指标	五级指标	结果指标	标准值取值基础	标准值	评价标准 标准区间	分值
投入（25）	资金投入（4）	资金落实（4）	到位及时率（2）	财政资金到位及时率、配套资金到位及时率（2）	财政资金到位及时率	标杆标准	100%	70%以下	60
								[70%，85%)	70
								[85%，92%)	80
								[92%，97%)	90
								[97%，100%]	100
					配套资金到位及时率	标杆标准	100%	70%以下	60
								[70%，85%)	70
								[85%，92%)	80
								[92%，97%)	90
								[97%，100%]	100
过程（15）	业务管理（9）	制度执行有效性（1）	制度执行合规性（0）	采购决策程序规范性（0）	"一票否定"指标	—	—	—	0
				调整手续完备性（0）	"降档评级"指标	—	—	—	0
				相关资料齐全性（0）	"降档评级"指标	—	—	—	0
			制度执行落实性（1）	项目实施人员、设备落实到位（1）	制度落实达标合格率	经验标准	100%	50%以下	60
								[50%，75%)	70
								[75%，87%)	80
								[87%，94%)	90
								[94%，100%]	100

续表

一级指标	二级指标	三级指标	四级指标	五级指标	结果指标	标准值取值基础	标准值	评价标准 标准区间	分值
过程（15）	业务管理（9）	合同管理可控性（1）	合同变更情况（1）	合同变更处理能力（1）	合同价款调整比率	标杆标准	小于等于10%	10%以上	60
								(5%，10%]	70
								(2.5%，5%]	80
								(1%，2.5%]	90
								[0%，1%]	100
			质量标准准全性（0）	"降档评级"指标（0）		—	—	—	0
		项目质量可控性（4）	质量控制措施（4）	质量管理组织机构、质量监控程序（4）	检验批质量合格率	企业标准	主控项目：质量合格率为100% 一般项目：质量合格率为100%	主控项目：100% 一般项目：70%以下	60
								[70%，85%]	70
								[85%，92%]	80
								[92%，97%]	90
								[97%，100%]	100
					隐蔽工程质量合格率	经验标准	100%	50%以下	60
								[50%，75%]	70
								[75%，87%]	80
								[87%，94%]	90
								[94%，100%]	100

续表

一级指标	二级指标	三级指标	四级指标	五级指标	结果指标	标准值取值基础	标准值	评价标准（标准区间）	分值
过程（15）	业务管理（9）	项目质量可控性（4）	质量控制措施（4）	质量管理组织机构、质量监控程序（4）	分项工程质量合格率	国家标准	分项工程质量合格率为100%；观感质量合格率为100%；主要分部工程质量合格率为100%	70%以下	60
								[70%，85%)	70
								[85%，92%)	80
								[92%，97%)	90
								[97%，100%]	100
		项目进度可控性（1）	进度控制措施（1）	工程进度变化情况（1）	项目计划工期率	计划标准	小于等于1	(0.75，0.80]	60
								(0.80，0.86]	70
								(0.86，0.92]	80
								(0.92，1]	90
								1以上	100
		项目安全可控性（2）	安全施工措施（2）	安全施工责任分工、安全施工检查措施（2）	安全措施达标合格率	经验标准	100%	50%以下	60
								[50%，75%)	70
								[75%，87%)	80
								[87%，94%)	90
								[94%，100%]	100
					劳动力安全完成率	经验标准	100%	50%以下	60
								[50%，75%)	70
								[75%，87%)	80
								[87%，94%)	90
								[94%，100%]	100

续表

一级指标	二级指标	三级指标	四级指标	五级指标	结果指标	标准值取值基础	标准值	评价标准 标准区间	分值
过程（15）	财务管理（6）	管理制度健全性（1）	项目资金管理办法健全性（1）	会计核算制度执行情况（1）	跟踪审计核减率	标杆标准	5%	7.5%以上	60
								(5%,7.5%]	70
								(2.5%,5%]	80
								(1.25%,2.5%]	90
								(0%,1.25%]	100
		资金使用合规性（3）	实际投资超概率、资金利用率（3）	实际投资超概率、资金利用率（3）	实际投资超概率	计划标准	小于等于10%	12%以上	60
								(8%,112%]	70
								(5.5%,8%]	80
								(2.5%,5.5%]	90
								(0%,2.5%]	100
		资金使用合规性（3）	实际投资超概率、资金利用率（3）	实际投资超概率、资金利用率（3）	资金利用率	计划标准	100%	50%以下	60
								[50%,75%)	70
								[75%,87%)	80
								[87%,94%)	90
								[94%,100%]	100
		财务监控有效性（2）	财务监控措施的有效性（2）	资金审查频率、资金时效性（2）	资金审查频率	历史标准	4.75次/月	4次以下	60
								[4,5.0)	70
								[5.0,5.7)	80
								[5.7,6.0)	90
								6次以上	100

续表

一级指标	二级指标	三级指标	四级指标	五级指标	结果指标	标准值取值基础	标准值	评价标准 标准区间	分值
过程(15)	财务管理(6)	财务监控有效性(2)	财务监控措施的有效性(2)	资金审查频率、资金时效性(2)	资金提前支出比率	历史标准	20%	0以下	60
								[0%,10%)	70
								[10%,16%)	80
								[16%,20%)	90
								20%以上	100
产出(20)	项目产出(20)	质量目标实现程度(3)	工程施工实际质量评价(3)	工程质量等级、质量达标率(3)	工程优良率	企业标准	分部优良率为60% 观感质量优良率为60%	两个标准均达到 50%以下	60
								[50%,68%)	70
								[68%,80%)	80
								[80%,92%)	90
								[92%,100%)	100
					质量达标率	计划标准	100%	70%以下	60
								[70%,85%)	70
								[85%,92%)	80
								[92%,97%)	90
								[97%,100%]	100
产出(20)	项目产出(20)	质量目标实现程度(3)	工程施工实际质量评价(3)	工程质量等级、质量达标率(3)	返工损失率	历史标准	0.5‰	5‰以上	60
								(2.5‰,5‰]	70
								(1.25‰,2.5‰]	80
								(0.55‰,1.25‰]	90
								[0‰,0.55‰]	100

续表

一级指标	二级指标	三级指标	四级指标	五级指标	结果指标	标准值取值基础	标准值	评价标准（标准区间）	分值
产出（20）	项目产出（20）	进度目标实现程度（4）	完成及时率（1）	工程完成及时率（1）	工程完成及时率	计划标准	100%	60%以下	60
								[60%，74%)	70
								[74%，85%)	80
								[85%，95%)	90
								[95%，100%]	100
			工程实际完成率（3）	工程实际完成率（3）	工程实际完成率	计划标准	100%	70%以下	60
								[70%，85%)	70
								[85%，92%)	80
								[92%，97%)	90
								[97%，100%]	100
		投资目标实现程度（6）	建设期总投资评价（6）	平方造价超标率、竣工决算审计核减率、固定资产转化率（6）	平方造价超标率	历史标准	小于等于0.03万/平方米	0.03 以上	60
								(0.015，0.03]	70
								(0.0075，0.015]	80
								(0.003，0.0075]	90
								[0，0.003]	100
					竣工决算审计核减率	标杆标准	5%	7.5%以上	60
								(5%，7.5%]	70
								(2.5%，5%]	80
								(1.25%，2.5%]	90
								(0%，1.25%]	100

续表

一级指标	二级指标	三级指标	四级指标	五级指标	结果指标	标准值取值基础	标准值	评价标准 标准区间	评价标准 分值
产出（20）	项目产出（20）	投资目标实现程度（6）	建设期总投资评价（6）	平方造价超标率、竣工决算审计核减率、固定资产转化率（6）	工程成本节约率	经验标准	12%	0%以下或12%以上	60
								[0%，6%)	70
								[6%，9%)	80
								[9%，10.5%)	90
								[10.5%，12%]	100
					固定资产转化率	计划标准	80%	60%以下	60
								[60%，74%)	70
								[74%，85%)	80
								[85%，95%)	90
								[95%，100%]	100
		劳动安全卫生消防目标实现程度（3）	劳动安全目标评价（1）	事故量（1）	事故发生率	国家标准	0	特别重大事故	60
								重大事故	70
								较大事故	80
								一般事故	90
								无事故	100
			卫生防护目标评价（1）	卫生防护达标率（1）	卫生防护达标率	标杆标准	100%	70%以下	60
								[70%，85%)	70
								[85%，92%)	80
								[92%，97%)	90
								[97%，100%]	100

113

续表

一级指标	二级指标	三级指标	四级指标	五级指标	结果指标	标准值取值基础	标准值	评价标准	
								标准区间	分值
产出(20)	项目产出(20)	环境目标实现程度(3)	消防目标评价(1)	消防达标率(1)	消防达标率	计划标准	100%	70%以下	60
								[70%, 85%)	70
								[85%, 92%)	80
								[92%, 97%)	90
								[97%, 100%]	100
			主要污染物的排放情况(3)	噪声排放标准限值、废气排放达标情况、固体废物污染控制情况(3)	噪声排放标准限值	国家标准	白天≤70dB;晚上≤55 dB	90以上、70以上	60
								(70,90)、[56,70)	70
								[46,70)、[46, 56)	80
								(35,46)、[30,46)	90
								(30,35)、[25, 30)	100
					废气排放达标率	历史标准	100%	70%以下	60
								[70%, 85%)	70
								[85%, 92%)	80
								[92%, 97%)	90
								[97%, 100%]	100
					固体废物污染控制情况	历史标准	90%	70%以下	60
								[70%, 85%)	70
								[85%, 92%)	80
								[92%, 97%)	90
								[97%, 100%]	100

114

续表

一级指标	二级指标	三级指标	四级指标	五级指标	结果指标	标准值取值基础	标准值	标准区间	分值
产出(20)	项目产出(20)	节能目标实现程度(1)	资源消耗的降低程度(1)	资源节约率(1)	资源节约率	经验标准	2%	0%以下或3%以上	60
								[0%,2%)	70
								[2%,2.5%)	80
								[2.5%,2.8%]	90
								[2.8%,3%]	100
效果(40)	项目效益(40)	经济效益(8)	财务效益(4)	投资收益率、投资回收期(4)	投资收益率	——	6%	4%以下	60
								(4%,6%)	70
								[6%,7.5%)	80
								[7.5%,8.0%)	90
								8%以上	100
			财务效益(4)	投资收益率、投资回收期(4)	投资回收期	经验标准	小于等于5年	7以上	60
								(5,7)	70
								(3.5,5]	80
								(2.5,3.5)	90
								2.5以下	100
效果(40)	项目效益(40)	经济效益(8)	国民经济效益(4)	经济内部收益率、效益费用比(4)	经济内部收益率	经验标准	大于等于8%	3%以下	60
								[3%,8%)	70
								[8%,13%)	80
								[13%,16%)	90
								16%以上	100

续表

一级指标（40）	二级指标	三级指标	四级指标	五级指标	结果指标	标准值取值基础	标准值	评价标准	
								标准区间	分值
效果（40）	项目效益（40）	社会效益（18）	国民经济效益（4）	——	效益费用比	经验标准	大于等于1.0	0以下	60
								[0, 1.0)	70
								[1.0, 2.0)	80
								[2.0, 2.8)	90
								2.8以上	100
			对地区人民生活水平的影响（5）	新增就业率指数（3）	新增就业率指数	经验标准	0.5%	0以下	60
								[0, 0.5%)	70
								[0.5%, 1.2%)	80
								[1.2%, 2.0%)	90
								2.0%以上	100
		社会效益（18）	对社会发展的影响（3）	拆迁投诉率（2）	拆迁投诉率	经验标准	小于等于4%	6%以上	60
								(4%, 6%]	70
								(3.5%, 4%]	80
								(2.8%, 3.5%]	90
								2.8%以下	100
				劳动生产率贡献度（3）	劳动生产率贡献度	经验标准	0~1	0以下	60
								[0, 0.5)	70
								[0.5, 0.75)	80
								[0.75, 0.9)	90
								[0.9, 1]	100

续表

一级指标	二级指标	三级指标	四级指标	五级指标	结果指标	标准值取值基础	标准值	评价标准标准区间	分值
效果（40）	项目效益（40）	社会效益（18）	对教育事业的影响（3）	给当地教育带来的发展机会（3）	教育专项经费增幅程度	经验标准	0.5%	0%以下	60
								[0%, 0.5%)	70
								[0.5%, 1.2%)	80
								[1.2%, 2.0%)	90
								2.0%以上	100
			对学校整体形象的影响（7）	办学条件的改善、学习环境的改善、学校声誉的影响、学生入学率提高幅度（7）	学生入学率提高幅度	经验标准	0.5%	0%以下	60
								[0%, 0.5%)	70
								[0.5%, 1.2%)	80
								[1.2%, 2.0%)	90
								2.0%以上	100
		生态效益（4）	绿化情况（2）	绿化率（2）	绿化率	地方标准	大于等于35%	35%以下	60
								[35%, 43%)	70
								[43%, 50%)	80
								[50%, 55%)	90
								55%以上	100
			节能效果（2）	废物再利用率（2）	能耗减少率	地方标准	大于等于50%	35%以下	60
								[35%, 43%)	70
								[43%, 50%)	80
								[50%, 55%)	90
								55%以上	100

续表

一级指标	二级指标	三级指标	四级指标	五级指标	结果指标	标准值取值基础	标准值	评价标准 标准区间	分值
效果(40)	项目效益(40)	可持续影响(8)	项目对所处区域影响的可持续性(3)	项目促进当地社会、经济、环境发展程度(3)	社会公众文化素质水平	历史标准	大于等于90%	70%以下	60
								[70%,85%)	70
								[85%,92%)	80
								[92%,97%)	90
								[97%,100%]	100
			项目自身可持续性(5)	管理方式持续性(2)	管理规模比	经验标准	2%~5%	0%以下	60
								[0%,1%)	70
								[1%,1.7%)	80
								[1.7%,4%)	90
								[4%,5%]	100
				办学质量的改善(3)	学生继续深造率	历史标准	大于等于90%	70%以下	60
								[70%,85%)	70
								[85%,92%)	80
								[92%,97%)	90
								[97%,100%]	100
		社会公众或服务对象满意度(2)	使用者满意度、普通民众满意度(2)	在校学生满意度(2)	学生好评率	历史标准	大于等于90%	70%以下	60
								[70%,85%)	70
								[85%,92%)	80
								[92%,97%)	90
								[97%,100%]	100

注：表中标有底纹的指标是指：与一般政府投资项目的指标相比，本书开发出的用于高等学校建设项目绩效评价的指标。

第三节 案例绩效评价结果分析

一、绩效评价指标分析与评价

该学院建设项目的实施主要是为培养现代服务人才、加快实施技能型紧缺人才培训工程，以满足该市职业教育发展的需要。对该项目进行绩效评价，能够清楚地了解项目建设的目标达标情况和财政资金的使用情况。依据该建设项目的特点，对该学院建设项目进行具体分析情况如下。

1. 项目投入阶段基础资料

（1）绩效目标依据充分性：

①近年来，学院历届毕业生就业率均达 95%以上。

②新建职业学院工程规划用地面积 275800 平方米，高职在校生近 4000 人，生均占地面积 68.95 平方米/人。

（2）绩效目标可行性：本项目的预期收益率为 8%。

（3）绩效目标明确性：

①质量目标：检验批、分项工程、分部工程、单位工程四个方面的施工质量合格率均达到 100%。

②进度目标：新建该职业学院工程项目施工合同中计划工期总长 29 个月。实际工期为 29 个月，因此，施工进度提前率等于 0。

③投资目标：该工程项目经审核，该工程实际完成投资 649,932,217.56 元，项目总用地面积 275800 平方米，投资强度=项目固定资产总投资/项目总用地面积=0.24 万元/平方米。

④劳动安全卫生消防目标：本项目建设安装工程总投资 471,036,239.81 元，安全文明施工费为 7,754,500 元，消防投入资金为 4,932,700 元。所以，安全资金投入率=安全文明施工费/建安费×100%= 1.65%，消防资金投入率=消防投入资金

/建安费×100%=1.05%

⑤环境目标：建设安装工程总投资 471,036,239.81 元，施工环保投入金额为 5,658,500，环保资金投入率=施工环保投入金额/建安费×100%=1.2%

⑥低碳材料目标:低碳材料投入率=低碳材料资金投入金额/材料总金额=1.3%

⑦节能目标：建筑总能耗指标为 50%。建筑体型系数=建筑物与室外大气接触的外表面积/所包围的体积=0.26

⑧社会公众或服务对象满意度目标：为了衡量项目的建设作用及社会效益，我们分别向教师、学生及用人单位发放了问卷，实际调查他们的满意度。结果为：教师满意度 93%，学生满意度 92%，用人单位满意度 90%。

（4）实施准备情况

①项目勘察：施工过程中没有发现不利物质条件，不利物质条件引起工程索赔率=（不利物质条件引起的工程索赔额/合同总价款）×100%=0。

②项目设计：该项目的设计由某市城市规划设计研究院负责。设计深度=设计变更引起的价款调整/合同总价款×100%=0

③项目征地拆迁：该新建工程的拆建用地过程符合《建设项目征地拆迁管理》等的规定，合法合规，于 2011 年 6 月底顺利完成了征地拆迁。

④招投标组织实施：本项目的招投标组织实施符合《中华人民共和国招标投标法实施条例》等相关法律规定。

（5）资金筹集、资金落实

①资金审核合规性：经审核，该工程实际到位资金 649,932,217.56 元，其中：原校区土地置换资金 380,000,000.00 元，某教育园区管理委员会资金 269,932,217.56 元。

②资金到位率：财政资金到位率 100%；配套资金到位率 100%。

③到位及时率：财政资金到位及时率 100%；配套资金到位及时率 100%。

2. 项目过程阶段基础资料

（1）合同管理可控性：根据合同执行情况，调整的合同价款为 6400000 元，合同价款调整比率=调整的合同价款/合同总价款×100%=1%。

（2）项目质量可控性：质量控制措施：项目最终实现了分部分项工程合格率100%，隐蔽工程合格率100%，检验批质量合格率100%。

（3）项目安全可控性：本项目安全措施达标合格率为100%。劳动力安全完成率=(1-劳动力因事故损失量/劳动力总量)×100%=100%。

（4）管理制度健全性：跟踪审计核减率0%

（5）资金使用合规性：实际投资超概率=实际投资超概金额/工程批准概算投资额×100%=（64993.22-65200.00)/65,200.00×100%= -0.32%；资金利用率=100%

3. 项目产出阶段基础资料

（1）质量目标实现程度：本项目工程优良率为100%，质量达标率为100%，返工损失率为0，质量目标得到实现。

（2）进度目标实现程度：工程完成及时率100%，工程实际完成率100%，时间目标完成程度符合要求。

（3）建设总投资评价：根据该工程项目投资情况，工程实际完成投资649,932,217.56 元。其中，建筑安装工程投资：471,036,239.81 元，设备投资：10,061,591.19 元，其他投资：137,834,077.50 元，待摊投资：31,000,309.06 元。

本工程超支金额为 0 元。平方造价超标率=工程超支金额/总建筑面积=0。

本工程竣工结算报审情况合同价款为 649,932,217.56 万元，审定情况为649,932,217.56 万元，不存在核减情况，竣工结算审计核减率=（审定金额-报审金额)/报审金额×100%=0。固定资产转化率为100%。

综上所述，本项目投资目标实现程度良好，不存在超标现象。

（4）劳动安全卫生消防目标实现程度：本项目发生重大事故的数量为 0，故重大事故发生率为0。

4. 项目效果阶段基础资料

（1）项目经济效益情况分析与评价：经计算，学校每年收支余额为 1640 万元，能够收支平衡。

（2）项目社会效益情况分析与评价：根据本项目实际情况，新增就业率指数=1.98%，拆迁投诉率=0，劳动生产率贡献度=1。

（3）项目生态效益情况分析与评价

①绿化率=绿化植物垂直投影面积／项目建设用地总面积×100%=76936/275800×100%=28%

②节能效果：项目的生态效益、绿化率达到要求，达到了废水排放达标率，废弃物排放达标率均为100%。

（4）项目可持续影响情况分析与评价：项目自身可持续性：管理规模比=1%。

（5）项目服务对象满意度情况分析与评价：通过调查问卷分析，该项目社会公众服务对象满意度评价为满意。

根据以上对该项目投入、过程、产出和效果的基本建设资料进行分析评价，可以得到各指标标准分与评价得分明细，如表6-5所示。

表 6-5　案例项目绩效评价指标综合得分

五级指标	结果指标	指标说明	资料来源	指标评价	最终得分
申报资料完整性	"降档评级"指标（0）	所提交的文件、资料是否完整	可行性研究报告	申报资料完整	0
申报程序合规性	"降档评级"指标（0）	项目是否按照规定的程序申请设立	工程立项的批复文件	申报程序符合规定	0
项目前期手续的批复及决议文件	"降档评级"指标（0）	项目是否已经过立项、可行性研究，初步设计或概算是否经过可行性研究，提交项目实施方案	建设单位相关文件及批文	项目实施方案代可行性研究	0
是否符合教育政策	"降档评级"指标（0）	是否符合国家相关教育政策的规定	建设单位相关文件及批文	符合国家相关政策	0
人才培养计划合理性	高等学校就业率（1）	毕业就业人数/毕业总人数×100%	《项目立项报告》	95%	0.9
校园规划符合度	生均占地面积（2）	项目适应学校所在城市总体布局和学校基本建设总体规划	《项目立项报告》	生均占地面积 275800/4000=68.95 平方米/人	1.6
办学规模合理性	生员数量（2）	项目规划符合学校的办学规模	《项目立项报告》	生员数量为3800人，实	1.6
预期收益	预期收益率（1）	预期收益率与实际收益率的偏差	初步设计批复文件	预期收益率为8%，实际与预期相符，偏差率为0	1
项目设计的质量目标、项目施工质量目标	返工损失偏差率（2）	预期返工损失率与实际返工损失率的偏差	建设单位项目管理手册	返工损失资金为零	2
项目目的进度目标	施工进度提前率（1）	施工实际提前天数/施工原计划天数×100%	总概算书	施工进度提前等于 0	0.7
建设期总投资	投资强度（1）	固定资产投资额（包括厂房、设备和地价款）/土地面积	初步设计说明书	64993.22/275800=0.24万元/平方米	0.6

续表

五级指标	结果指标	指标说明	资料来源	指标评价	最终得分
劳动安全目标、卫生防护目标、消防目标	安全文明资金投入率（1）	安全文明资金投入率=安全文明施工费/建安费×100%	初步设计说明书	安全文明资金投入率=7754500/471036239.81×100%=1.65%	0.7
	消防达标投入率（1）	消防资金投入率=消防投入资金/建安费×100%		消防资金投入率=4932700/471036239.81×100%=1.05%	0.6
环保设备目标	环保资金投入率（1）	环保资金投入率=施工环保投入金额/建安费×100%	《某市建设工程文明施工管理规定》	环保资金投入率=5658500/471036239.81×100%=1.2%	0.6
低碳环保制度完善程度	"降档评级"指标（0）	预期单位工程交验合格率与实际单位工程交验合格率的偏差	初步设计说明书	交验合格偏差率=100%-100%=0	0
低碳材料目标	低碳材料投入率（1）	低碳材料使用数量/总材料使用数量×100%	《公共建筑节能设计标准》	低碳材料投入率1.3%	0.7
建设节能能耗	建筑体型系数（2）	建筑物与室外大气接触的表面积/总体积×100%	初步设计说明书	建筑体型系数为0.26	1.4
教师满意度	教师好评率（1）	内部空间设计的有序性、功能的齐全性，符合教师办公要求	问卷调查	通过发放调查问卷测得教师好评率为93%	0.9
学生满意度	学生好评率（1）	内部空间设计的有序性、功能的齐全性，符合学生学习要求	问卷调查	通过发放调查问卷测得学生好评率为92%	0.9
用人单位满意度	用人单位好评率（1）	参与评价给予好评的用人单位数与评价的用人单位数×100%	问卷调查	用人单位好评率为90%	0.8

续表

五级指标	结果指标	指标说明	资料来源	指标评价	最终得分
勘察工作的合规性	不利物质条件引起的工程索赔率（1）	不利物质条件引起的工程索赔额/合同总价×100%	勘察合同	不利物质条件引起的工程索赔率为0%	1
项目设计深度	设计深度（1）	设计变更引起的价款调整/合同总价×100%	有关设计变更的相关合同、协议	设计深度为0%	1
项目征地拆迁合规性	"降档评级"指标（0）	是否符合《中华人民共和国土地管理法》等相关法律规定	建设单位项目管理手册	征地拆迁流程符合相关法律规定	0
招投标流程、开标评标的合规性	"一票否定"指标（0）	是否符合《中华人民共和国招标投标法实施条例》等相关法律规定	招投标相关资料	招投标流程、开标评标符合《招标投标法实施条例》等相关法律规定	0
资金审核合规性	"降档评级"指标（0）	是否符合《政府投资项目审计规定》中的有关规定，预决算审核工作是否合规	建设单位资金管理办法及财务制度	建设项目等审核符合相关法律规定的规定	0
财政资金到位率、	财政资金到位率（1）	财政资金实际到位总额/财政资金计划投入总额×100%	会计进账单及财务往来收据	财政资金到位率=100%	1
配套资金到位率	配套资金到位率（1）	配套资金实际到位总额/配套资金计划投入总额×100%	会计进账单及财务往来收据	配套资金到位率=100%	1

续表

五级指标	结果指标	指标说明	资料来源	指标评价	最终得分
财政资金到位及时率	财政资金到位及时率（1）	$\dfrac{\text{及时到位财政资金}}{\text{应到位财政资金}} \times 100\%$	会计进账单及财务往来收据	财政资金到位及时率 $=100\%$	1
配套资金到位及时率	配套资金到位及时率（1）	$\dfrac{\text{及时到位配套资金}}{\text{应到位配套资金}} \times 100\%$	会计进账单及财务往来收据	配套资金到位及时率 $=100\%$	1
采购决策程序规范性	"一票否定" 指标（0）	是否符合《中华人民共和国政府采购法》中的相关规定	施工单位项目管理实施细则	符合《中华人民共和国政府采购法》中的相关规定	0
调整手续完备性	"降档评级" 指标（0）	项目调整及支出调整手续是否完备	施工单位项目管理实施细则	项目调整及支出调整手续完备	0
相关资料齐全性	"降档评级" 指标（0）	项目合同书、检验报告、技术鉴定等资料是否齐全并及时归档	施工单位项目管理实施细则	项目合同书、检验报告、技术鉴定等资料、信息齐全并及时归档完备	0
项目实施人员、设备落实到位	"降档评级" 指标（1）	项目实施的人员、场地设备、信息支撑等落实到位的合格情况	施工合同	项目实施的人员、场地设备、信息支撑情况均为合格	1
合同变更处理能力	合同价款调整比率（1）	调整的合同价款/合同总价×100%	施工合同	$6400000/649932217.5 \times 100\% = 1\%$	1
项目质量标准健全性	"降档评级" 指标（0）	是否已制定或具有相应的项目质量要求或者标准	建设单位项目管理手册	已制定或具有相应的项目质量要求或者标准	0

续表

五级指标	结果指标	指标说明	资料来源	指标评价	最终得分
质量管理组织机构、质量监控程序	检验批质量合格率（1）	合格检验批工程数/检验批工程总数×100%	质量检查、验收报告	主控项目、一般项目质量合格率均为100%	1
	隐蔽工程质量合格率（1）	合格隐蔽工程数/隐蔽工程总数×100%	质量检查、验收报告	隐蔽工程质量合格率为100%	1
	分部工程质量合格率（2）	合格分部分项工程数/分部分项工程总数×100%	质量检查、验收报告	分部工程质量合格率为100%	2
工程进度变化情况	项目计划工期率（1）	计划完成的工期数/总的工期天数×100%	监理月报情况	870/870×100%=100%	0.9
安全施工责任分工、安全施工检查措施	安全措施达标合格率（1）	安全标准化检查合格次数/安全标准化检查次数×100%	监理月报情况	安全措施达标合格率为100%	1
安全施工责任分工、安全施工检查措施	劳动力安全完成率（1）	安全完成作业劳动力数/劳动力总数×100%	监理月报情况	劳动力安全完成率为100%	1
会计计核算制度执行情况	跟踪审计核减率（1）	（审定金额−报审金额）/报审金额×100%	预决算审核情况	0/5784×100%=0	0.9
实际投资超概率、资金利用率	实际投资超概率（2）	实际投资超概算金额/工程批准概算投额×100%	资金管理情况	(64993.22−65200)/6520000×100%=−0.32%	2
	资金利用率（1）	实际用于项目的支出总额/实际资金×100%	资金管理情况	64993.22÷649932217.56×100%=100%	1
资金审查频率、资金时效性	资金审查频率（1）	是否定期进行必要的资金审查	资金管理情况	能够按期进行必要的资金审查	1
	资金提前支出比率（1）	资金提前支出数/总资金×100%	资金管理情况	资金提前支出比率为21%	1

127

续表

五级指标	结果指标	指标说明	资料来源	指标评价	最终得分
工程质量等级率、质量达标率	工程优良率（1）	优良单位工程数量/验收单位工程数量×100%	竣工验收监理评估报告	工程优良率为100%	0.9
	质量达标率（1）	合格的单位工程数量/交验单位工程数量×100%	竣工验收监理评估报告	质量达标率为100%	1
	返工损失率（1）	返工损失金额/累计完成投资额×100%	竣工验收监理评估报告	返工损失率为0%	1
工程完成及时率	工程完成及时率（1）	（工程计划完成时间-工程实际完成时间）/工程计划完成时间×100%	质量监督站验收报告及竣工报告	工程完成及时率100%	1
工程实际完成率	工程实际完成率（3）	工程实际完成量/总工程量×100%	质量监督站验收报告及竣工报告	工程实际完成率达到100%	3
平方造价超标率、竣工决算审计核减率、固定资产转化率	平方造价超标率（1）	工程超支金额/总建筑面积×100%	决算审核报告	平方造价超标率为0%	1
	竣工决算审计核减率（1）	（审定金额-报审金额）/报审金额×100%	决算审核报告	(6176-6176)/6176×100%=0%	1
	工程成本节约率（3）	工程节约成本/总成本数×100%	决算审核报告	工程成本节约率为13%	3
	固定资产转化率（1）	固定资产价值总额/审定总投资额×100%	决算审核报告	6176/6176×100%=100%	1

续表

五级指标	结果指标	指标说明	资料来源	指标评价	最终得分
事故量	事故发生率（1）	重大事故发生数量/全部事故发生量×100%	竣工验收报告	无重大事故发生，重大事故发生率为0	1
卫生防护达标率	卫生防护达标率（1）	卫生防护指标达标数/全部卫生防护指标数×100%	竣工验收报告	卫生防护措施符合相关规定，达标率为100%	1
消防达标率	消防达标率（1）	消防指标达标数/全部消防指标数×100%	竣工验收报告	消防设施符合国家相关规范，竣工前检验合格率为100%	1
噪声排放标准限值、废气排放达标情况、固体废物污染控制情况	噪声排放标准限值（1）	白天≤70dB；晚上≤55dB	访谈及调查问卷	白天≤70dB；晚上≤55dB	1
	废气排放达标率（1）	废气排放达标量/废气总排放量×100%	访谈及调查问卷	废气排放达标率为100%	1
	固体废物污染控制情况（1）	固体废物物量/总废物量×100%	访谈及调查问卷	固体废物污染控制情况为100%	1
资源节约率	资源节约率（1）	（资源预算消耗额－资源实际消耗额）/总资源预算消耗额×100%	竣工验收报告	资源节约率为3%	1
投资收益率、投资回收期	投资收益率（2）	年平均利润总额/投资总额×100%	竣工验收报告	投资收益率为8%	2
	投资回收期（2）	（累计净现金流量现值出现正值的年数－1）+上一年累计净现金流量现值的绝对值/出现正值年份净现金流量的现值	竣工验收报告	非营利性建设项目	2

续表

五级指标	结果指标	指标说明	资料来源	指标评价	最终得分
经济内部收益率、效益费用比	经济内部收益率 (2)	指投资项目在建设和生产服务期内，各年净现金流量现值累计等于零时的贴现率。×100%	竣工验收报告	非营利建设项目	2
	效益费用比 (2)	效益流量的现值/费用流量的现值×100%	竣工验收报告	非营利建设项目	2
新增就业率指数	新增就业率指数 (3)	新增总就业人数/项目总投资×100%	实地调研	新增就业率指数=1.98%	2.7
拆迁投诉率	拆迁投诉率 (2)	拆迁投诉案件数量/总投诉案件数量×100%	居民调查问卷	拆迁投诉率为0%	2
劳动生产率贡献度	劳动生产率贡献度 (3)	(有公共项目时的劳动生产率-无公共项目时的劳动生产率)/有公共项目时的劳动生产率×100%	实地调研	劳动生产率贡献度=1	3
给当地教育带来的发展机会	教育专项经费增幅程度 (3)	当年教育专项经费增加量/上年教育专项经费数量×100%	实地调研	教育专项经费增幅程度为0.4%	2.1
办学条件的改善、学习环境的改善、学校声誉的影响，学生入学率提高幅度	学生入学率提高幅度 (7)	当年招收学员增加数量/上年招收学员数量×100%	实地调研	学生入学率提高幅度为0.24%	5.6

续表

五级指标	结果指标	指标说明	资料来源	指标评价	最终得分
绿化率	绿化率（3）	绿化植物垂直投影面积/项目建设用地总面积×100%	现场勘测	76936/27580×100%=28%	2.1
废物再利用率	能耗减少率（2）	（未采用节能措施单方平米能耗量-采用节能措施单方平米能耗量）/未采用节能措施单方平米能耗量×100%	竣工验收报告	能耗减少率为56%	2
项目促进当地社会、经济、环境发展程度	社会公众文化素质水平（3）	对社会公众文化素质水平进行综合测评	实地调研	社会公众文化素质水平评分为93	2.7
管理方式持续性	管理规模比（2）	管理人员数量/项目总规模×100%	竣工验收报告	管理规模比为1.2	1.4
办学质量的改善	学生继续深造率（3）	毕业继续深造的人数/当年毕业总人数×100%	问卷调查	学生继续深造率为3%	2.4
在校学生满意度	学生好评率（2）	学生好评人数/学生总人数×100%	问卷调查	学生好评率为95%	1.8
合计					92.9

由表 6-5 可知，运用绩效评价分值法评价该学校建设项目，该项目总体得分为 92.9 分，根据财政局的评价标准，该项目评价结果为优秀。

二、绩效评价结果应用建议

1. 存在的问题

（1）微观层面

①钢筋供货商延期供货，拖延工期

在本项目建设阶段，水泥供货商延期供货，而材料采购人员未能及时进行信息沟通，导致本项目主体工程建设期关键线路延误，造成窝工。

②未把控好水泥采购节点，增加存储费用

本项目工期为 29 个月，工期较长，项目水泥用量为全工期持续使用。然而采购人员未把握好采购时点，一次性采购了大量水泥，同时本项目建设期正值年多雨期，水泥储存时要注意防潮且储存期一般不能超过 3 个月，最终导致项目主材保管费与保养费大幅增加。

（2）宏观层面——采购制度不完善，采购效率低

某教育园区二期工程多所学校同时开始施工建设，建筑体量大，需要同时采购大批材料，这对采购人员的采购管理水平要求比较高。但由于前期采购管理制度不完善、信息化管理水平较低，使得采购实时性、动态性差，难于控制，造成了成本费用高。

2. 应用建议

（1）微观层面——采用岗位责任制和奖惩制，提高采购效率

岗位责任制是采购制度的中心环节。建立与健全采购岗位责任制，能做到采购部门人人有职责，事事有人管，目标清楚，责任明确，工作有条不紊，加强职工责任感，调动工作积极性，发挥其聪明才智；可以堵塞工作漏洞，保证采购工作的良好秩序。

为了调动广大采购人员的工作积极性，充分发挥他们的聪明才智、努力干好

本职工作，本项目应该建立健全各种形式的奖惩制度，以真正体现"干多干少不一样，干好干坏不一样，干与不干不一样，干轻干重不一样"的分配精神。对于一些成绩突出、工作勤奋踏实的采购人员应给予适当的奖励；对于那些工作散漫、绩效较差，甚至给企业带来经济损失的采购人员应进行必要的惩罚，甚至清除出采购队伍。

（2）宏观层面——完善采购管理制度，降低采购成本

为了规范采购工作，提高采购工作的效率，本项目应建立健全多种采购管理制度，作为采购人员与采购部门的工作准则与行为规范，以保证采购工作健康、有序、高效地运行。采购过程中，采购部门应与财务、技术、生产部门紧密联系，制定详细具体的采购计划；选择多种采购手段，充分获得市场信息。引入计算系统软件，实现数据共享、信息及时传递、资料长期保存，提高运营管理效率。

附　表

附表 1　四、五级共性指标的来源

评价指标	指标来源	建设标准	绩效报告	设计文件	指标说明	孙晖①	苏颂平②	张新宇③	郭路瑶④	丛树海⑤	戚振东⑥	陈茜颖⑦	罗桂森⑧	李裕⑨	李琛⑩	统计
四级投入指标	项目申报合规性		√		√	√					√					5
	项目立项可行性		√		√	√					√	√				4
	绩效目标合规性			√	√											2
	项目建设目标的必要性		√		√											2
	绩效目标可行性			√	√											2
	质量目标		√	√										√		3
	投资目标		√	√										√		2
	时间目标		√	√				√						√		3
	卫生消防安全目标		√	√				√						√		4
	资金审核合规性	√	√	√		√										3
	财政资金到位率		√	√		√	√	√								4
	自有资金到位率		√	√		√	√	√								4
	配套资金到位率		√	√		√	√									4

① 孙晖，杨玉楠，程亮．新农村环保项目绩效评估指标体系的构建 [J]．科技管理研究，2011（14）：61-65.
② 苏颂平，陈秀豪．我国公立医院融资机制探讨 [J]．当代经济，2012，03：20-22.
③ 张新宇．浅析政府投资项目绩效审计评价的指标和标准 [J]．山东行政学院山东省经济管理干部学院学报，2007（6）：99-101.
④ 郭路瑶．我国财政支出绩效评价的研究 [D]．苏州：苏州大学，2009，25.
⑤ 丛树海，周炜，于乙．公共支出绩效评价指标体系的构建 [J]．财贸经济，2005（3）：39-43.
⑥ 戚振东，王字熙，鲁橐．政府绩效审计评价体系研究 [J]．陕西审计，2004（6）：4-5.
⑦ 陈茜颖．政府支出绩效评价体系预算改革案例分析 [D]．成都：西南财经大学，2009.
⑧ 罗桂森．中国地方政府绩效预算改革研究 [D]．内蒙古：内蒙古大学，2012.
⑨ 李裕．基于利益相关者理论的公共项目绩效评价指标体系研究 [D]．天津：天津理工大学，2010.
⑩ 李琛．政府投资项目绩效评价指标体系研究 [J]．新合计，2011（6）：8-9.

续表

评价指标 / 指标来源	建设标准	绩效报告	设计文件	指标说明	文献										统计
					孙晖	苏颂平	张新宇	郭璐瑶	丛树海	戚振东	陈茜颖	罗桂森	李裕	李琛	
四级过程指标　业务管理制度合理性		√		√											2
业务管理制度健全性		√		√											2
业务管理制度合规性	√			√	√										3
制度执行合规性	√			√	√										3
制度执行落实性				√											1
项目质量标准健全性			√	√											2
质量控制措施		√		√											2
资金制度合理性				√											1
财务管理制度的健全性		√		√								√		√	4
财务管理制度的合规性		√		√								√		√	4
资金使用的合规性				√	√							√		√	4
资金使用的相符性				√					√					√	3
财务监督措施的有效性				√										√	2
财务监控机制的健全性				√										√	2

续表

评价指标		建设标准	绩效报告	设计文件	指标说明	孙晖	苏颂平	张新宇	郭路瑶	丛树海	臧振东	陈茜颖	罗桂森	李裕	李琛	统计
四级 出指标	实际完成率		√												√	2
	工程施工实际质量评价						√								√	2
	项目的整体使用工程评价		√						√							2
	项目设备的先进性评价		√													1
	建设期总投资评价		√										√			2
	完成及时率		√							√			√			3
	预期使用年限评价		√						√							2
	劳动安全目标评价		√					√			√					3
	卫生防护目标评价		√										√			2
	消防目标评价		√							√						2
	污染物排放的减少量		√							√						2
	对周围环境的影响程度											√			√	2
	环境意识的提高程度		√												√	2
	资源消耗的降低程度	√	√													2

评价指标	指标来源	建设标准	绩效报告	设计文件	指标说明	文献 孙晖	苏颂平	张新宇	郭璐瑶	丛树海	戚振东	陈茜颖	罗桂森	李裕	李琛	统计
四级效益指标	业务能力						√									1
	投资收益率		√				√	√	√							4
	投资回报期		√					√	√			√				4
	与相关政策、法律法规要求指标的符合度	√	√	√	√											4
	对行业的影响		√													1
	对单位整体形象的影响		√									√				2
	绿化情况		√									√		√		3
	对周边景观的影响		√									√				2
	项目自身可持续性		√													1
	项目对所处区域影响的可持续性		√											√		2
	职员满意度		√			√		√	√		√	√		√		7
	社会民众满意度		√			√		√	√		√	√		√		7
五级投入指标	项目申报资料完整性				√											1
	项目申报程序合法性		√								√			√		3
	可行性研究		√								√				√	3
	专家论证		√		√						√			√	√	5
	风险评估		√		√						√				√	4

137

续表

评价指标 \ 指标来源	建设标准	绩效报告	设计文件	指标说明	孙晖	苏颂平	张新宇	郭路瑶	丛树海	戚振东	陈茜颖	罗桂森	李裕	李琛	统计
集体决策		√		√						√				√	4
建设规模和面积合规性	√												√		2
建筑标准和建筑设备合规性	√				√										2
业务需求	√			√									√		3
项目建设要求	√			√									√		3
预期效益				√								√		√	3
部门分工合理性				√											1
设计的质量标准	√	√			√										3
项目施工质量目标	√	√			√										3
项目的整体使用功能		√													1
项目设备的先进性		√													1
建设期总投资		√							√			√		√	4
建设工期延期率		√													1
预期使用年限		√													1
安全管理规定的完备性		√	√												2
重大事故数量		√											√		2
消防标准		√													1

（五级投入指标）

续表

评价指标＼指标来源	建设标准	绩效报告	设计文件	指标说明	文献 孙晖	苏颂平	张新宇	郭璐瑶	丛树海	戚振东	陈茜颖	罗桂森	李裕	李琛	统计
符合业务管理规定				√											1
项目调整手续完整性		√		√											2
支出调整手续完备性		√		√											2
相关资料齐全性				√											1
相关资料及时归档性				√											1
项目实施人员、设备落实到位				√											1
质量组织结构（五级过程指标）		√													1
质量监控程序				√											1
资金拨付审批程序完整				√											1
符合资金支出管理规定		√		√											2
资金利用率		√				√					√				3
资金违规率		√							√						2
资金审查频率														√	1
项目支出信息反馈及时性											√			√	2
财务信息质量											√			√	2

续表

评价指标	建设标准	绩效报告	设计文件	指标说明	孙晖	苏颂平	张新宇	郭璐瑶	丛树海	戚振东	陈茜颖	罗桂森	李裕	李琛	统计
主要工程数量完成率		√									√				2
辅助设施数量完成率		√									√				2
工程质量等级率						√			√						2
单位工程一次验收合格率						√			√						2
平方造价超标率		√										√			2
竣工决算审计核减率		√										√			2
固定资产转化率		√							√			√			3
工程完成及时率	√	√							√			√			4
单位工程完成及时率	√	√					√		√						3
重大事故数量		√							√						2
卫生防护达标率		√										√			2
消防达标率	√	√													2
资源节约率	√	√								√					3

五级产出指标

续表

评价指标	指标来源				文献										统计
	建设标准	绩效报告	设计文件	指标说明	孙晖	苏颂平	张新宇	郭路瑶	丛树海	戚振东	陈茜颖	罗桂森	李裕	李琛	
五级效益指标 与方针政策的符合性	√	√	√	√										√	5
与法律法规的相符性	√	√													2
绿化情况满意度		√												√	2
与周边建筑协调性		√													1
项目管理方式持续性		√													1
项目目的可改造性		√													1
项目促进当地社会、经济、环境发展程度	√	√											√		3
项目对所处区域的适应性		√													1
内部空间设计的有序性	√	√													2
功能齐全性		√													1
普通民众满意度		√			√		√	√		√	√		√		7
特殊群体满意度		√			√		√	√		√	√		√		7

附表 2　问卷数据统计结果

（单位：人）

序号	指标名称	5	4	3	2	1
1	申报条件合规性	36	33	26	24	5
2	申报资料完整性	37	38	29	15	5
3	申报程序合规性	35	33	33	18	5
4	项目调整合规性	32	33	30	24	5
5	安全预评估	30	35	24	30	5
6	环境影响预评估	28	37	29	25	5
7	建筑节能预评估	27	36	31	22	8
8	可行性研究	38	34	31	15	6
9	专家论证	30	30	35	23	6
10	风险评估	27	35	31	24	7
11	集体决策	33	32	29	22	8
12	与项目所在地的国民经济发展规划符合度	25	30	37	26	6
13	与项目所在地实际需求符合度	30	35	37	17	5
14	预期收益	28	36	43	14	3
15	组织机构合理性	21	30	39	27	7
16	计划完成的工程量	29	30	35	23	7

序号	指标名称	5	4	3	2	1
17	项目设计的质量标准	45	37	21	16	5
18	项目施工质量目标	32	45	25	17	5
19	项目的整体使用功能	31	47	25	16	5
20	项目设备的先进性	34	37	36	14	3
21	建设期总投资	23	36	42	18	5
22	建设工程延期率	20	32	42	24	6
23	预期使用年限	24	36	33	26	5
24	劳动安全目标	36	36	29	18	5
25	卫生防护目标	31	36	33	19	5
26	消防目标	39	36	28	16	5
27	污染物排放量	33	38	35	13	5
28	对周围环境的影响	25	42	32	20	5
29	环境意识	16	37	40	25	6
30	资源消耗量	25	35	43	14	7
31	使用者满意度	22	37	33	27	5
32	普通民众满意度	18	35	35	31	5

序号	指标名称	5	4	3	2	1
33	特殊群体满意度	18	31	39	30	6
34	用地状况	24	35	32	24	9
35	周边基础设施情况	21	36	34	25	8
36	勘察设计单位资质	30	34	32	22	6
37	勘察工作的合规性	30	39	33	17	5
38	勘察周期变化率	17	28	45	27	7
39	设计单位资质	30	32	32	24	6
40	设计理念	24	34	36	22	8
41	项目设计程度	37	42	21	17	7
42	招投标模式的合规性	36	36	30	17	5
43	招投标流程的合规性	37	32	33	17	5
44	招投标方式的优越性	22	32	41	22	7
45	投标单位资格预审合规性	34	26	33	23	8
46	开标评标的合规性	31	33	27	26	7
47	资金审核合规性	27	31	40	19	7
48	融资方案	22	34	39	22	7

续表

序号	指标名称	5	4	3	2	1
49	财政资金依存度	25	31	35	26	7
50	融资成本	18	36	40	22	8
51	财政资金到位率	31	35	35	17	6
52	自有资金到位率	28	36	31	21	8
53	配套资金到位率	32	33	37	17	5
54	财政资金到位及时率	32	30	36	20	6
55	自有资金到位及时率	25	32	37	24	6
56	配套资金到位及时率	30	34	39	15	6
57	资金分配合规性	23	36	35	23	7
58	资金分配合理性	22	32	34	29	7
59	组织机构健全性	26	32	34	26	6
60	部门和人员分工明确性	21	34	38	26	5
61	业务管理制度有效性	25	31	47	21	5
62	业务管理制度健全性	26	31	39	22	6
63	业务管理制度合规性	18	32	45	24	7

序号	指标名称	5	4	3	2	1
64	项目执行情况	30	31	40	18	5
65	项目调整及支出调整手续完备性	25	36	38	20	5
66	相关资料齐全性	32	30	39	18	5
67	相关资料及时归档性	27	34	25	29	9
68	项目实施人员、设备落实到位率	22	30	48	19	5
69	项目质量标准健全性	38	31	31	19	5
70	质量管理组织机构健全性	28	34	35	22	5
71	质量监控程序	31	34	30	24	5
72	合同模式合理性	26	33	34	24	7
73	合同价款控制情况	24	33	31	31	5
74	管理系统响应时间	15	43	32	29	5
75	项目变更处理能力	16	36	48	19	5
76	项目进度计划合理性	22	33	39	25	5
77	进度责任分工	18	31	44	24	7
78	进度监控程序	15	33	43	26	7

序号	指标名称	5	4	3	2	1
79	项目安全管理规定健全性	29	24	39	27	5
80	安全施工责任分工	21	42	37	19	5
81	安全施工检查措施	27	37	36	19	5
82	环境管理体系健全性	21	34	37	24	8
83	环境管理组织机构	15	35	44	23	7
84	监测信息系统	14	33	47	24	6
85	污染物治理措施	20	37	37	24	6
86	应急计划纠正措施	17	36	34	29	8
87	节能施工检查措施	21	27	44	25	7
88	材料节能措施	16	34	44	23	7
89	设备节能措施	16	35	43	23	7
90	施工工艺节能措施	14	31	46	25	8
91	监理单位资质	27	33	32	27	5
92	监理程序	24	28	37	27	8
93	监理制度	27	30	37	25	5

续表

序号	指标名称	5	4	3	2	1
94	分部分项工程优良率	19	41	31	27	6
95	返工率	18	38	37	26	5
96	组织机构健全性	18	35	40	26	5
97	部门和人员分工明确性	20	35	37	24	8
98	财务管理的有效性	29	34	35	24	5
99	会计核算执行情况	30	26	44	19	5
100	财务管理的合规性	29	27	34	28	6
101	资金拨付审批程序完整	30	28	35	26	5
102	实际投资超概率	30	33	37	19	5
103	资金违规率	26	32	33	27	6
104	资金利用率	25	36	37	20	6
105	财务监控机制的健全性	25	34	33	27	5
106	资金审查频率	24	32	42	20	6
107	项目支出信息反馈及时性	20	32	43	22	7
108	财务信息质量	21	30	43	23	7
109	主要工程数量完成率	24	34	35	24	7
110	辅助设施数量完成率	21	31	42	24	6
111	工程质量等级	37	33	31	18	5
112	单位工程一次验收合格率	20	41	34	24	5
113	质量达标率	22	36	39	22	5
114	项目的整体使用功能评价	25	40	29	25	5
115	项目设备的先进性评价	25	32	36	23	8
116	成本节约率	18	37	39	23	7
117	竣工决算审计核减率	31	35	31	19	8
118	工程完成及时率	31	30	35	22	6
119	单位工程完成及时率	19	35	43	22	5
120	预期使用年限评价	17	29	46	27	5
121	重大事故量	31	40	31	17	5
122	卫生防护达标率	28	35	37	18	6
123	消防达标率	28	39	34	18	5
124	污染物排放的减少量	20	43	31	21	9
125	对周围环境的影响程度	20	44	33	20	7
126	环境意识的提高程度	18	37	38	24	7
127	资源节约率	14	35	49	21	5
128	投资收益率	24	31	41	22	6
129	投资回收期	24	34	38	22	6
130	经济内部收益率	23	35	28	30	8
131	经济净现值	17	33	42	26	6
132	效益费用比	22	25	43	28	6
133	与方针政策的符合性	24	32	44	26	9
134	与法律法规的相符性	27	34	36	28	11
135	对行业的影响	21	29	44	23	7

序号	指标名称	分值				
		5	4	3	2	1
136	对单位整体形象的影响	19	31	41	26	7
137	对周边企业的影响	15	33	40	30	6
138	对周边居民的影响	23	32	34	20	4
139	对就业效果的影响	20	33	32	22	5
140	拆迁安置的落实情况	21	34	32	28	9
141	绿化率达标情况	14	37	40	27	6
142	与周边建筑协调性	16	34	39	29	6
143	废气的排放量达标情况	32	28	36	22	6
144	废水的排放量达标情况	27	33	39	19	6
145	固体废物排放量达标情况	23	34	37	24	6
146	产生的噪声的达标情况	22	38	33	25	6
147	环保资金投入率的提高幅度	20	30	44	24	6
148	环保监测管理和法令、条例的执行情况	17	33	40	28	6
149	废物再利用率提高幅度	30	37	32	20	5
150	项目管理方式持续性	18	29	46	25	6
151	项目目的可改造性	24	23	44	27	6
152	项目促进当地社会、经济、环境发展程度	18	37	35	25	9
153	项目对所处区域的适应性	25	29	35	27	8
154	使用者满意度	28	38	36	18	4
155	普通民众满意度	17	34	42	25	6
156	特殊群体满意度	15	34	41	28	6

附表 3 156 个指标的隶属度分析

指标名称	人数	隶属度	指标名称	人数	隶属度	指标名称	人数	隶属度	指标名称	人数	隶属度
申报条件合规性	95	0.766	建设期总投资	101	0.815	项目设计程度	100	0.806	业务管理制度有效性	103	0.831
申报资料完整性	104	0.839	建设工程延期率	94	0.758	招投标模式的合规性	102	0.823	业务管理制度健全性	96	0.774
申报程序合规性	101	0.815	预期使用年限	93	0.750	招投标流程的合规性	102	0.823	业务管理制度合规性	95	0.766
项目调整合规性	95	0.766	劳动安全目标	101	0.815	招投标方式的优越性	95	0.766	项目四制执行情况	101	0.815
安全预评估	89	0.718	卫生防护目标	100	0.806	投标单位资格预审合规性	93	0.750	项目调整及支出调整手续完备性	99	0.798
环境影响预评估	94	0.758	消防目标	103	0.831	开标评标的合规性	91	0.734	相关资料齐全性	101	0.815
建筑节能预评估	94	0.758	污染物排放量	106	0.855	资金审核合规性	98	0.790	相关资料及时归档性	86	0.694
可行性研究	103	0.831	对周围环境的影响	99	0.798	融资方案	95	0.766	项目实施人员、设备落实到位	100	0.806
专家论证	95	0.766	环境意识	93	0.750	财政资金依存度	91	0.734	项目质量标准健全性	100	0.806
风险评估	93	0.750	资源消耗量	103	0.831	融资成本	94	0.758	质量管理组织结构	97	0.782
集体决策	94	0.758	使用者满意度	92	0.742	财政资金到位率	101	0.815	质量监控程序	95	0.766
与项目所在地的国民经济发展规划符合度	92	0.742	普通民众满意度	88	0.710	自有资金到位率	95	0.766	合同模式合理性	93	0.750
与项目所在地实际需求合度	102	0.823	特殊群体满意度	88	0.710	配套资金到位率	102	0.823	合同价款控制情况	88	0.710

续表

指标名称	人数	隶属度	指标名称	人数	隶属度	指标名称	人数	隶属度	指标名称	人数	隶属度
预期收益	107	0.863	用地状况	91	0.734	财政资金到位及时率	98	0.790	管理系统响应时间	90	0.726
组织机构合理性	90	0.726	周边基础设施情况	91	0.734	自有资金到位及时率	94	0.758	项目变更处理能力	100	0.806
计划完成的工程量	94	0.758	勘察设计单位资质	96	0.774	配套资金到位及时率	103	0.831	项目进度计划健全性	94	0.758
项目设计的质量标准	103	0.831	勘查工作的合规性	102	0.823	资金分配合规性	94	0.758	进度责任分工	93	0.750
项目施工质量目标	102	0.823	勘察周期变化率	90	0.726	资金分配合理性	88	0.710	进度监控程序	91	0.734
项目的整体使用功能	103	0.831	设计单位资质	94	0.758	组织机构健全性	92	0.742	项目安全管理规定健全性	92	0.742
项目设备的先进性	107	0.863	设计理念	94	0.758	部门和人员分工明确性	93	0.750	安全施工责任分工	100	0.806
安全施工检查措施	100	0.806	财务管理的合规性	90	0.726	单位工程完成及时率	97	0.782	对周边居民的影响	89	0.718
环境管理体系健全性	92	0.742	资金拨付审批程序完整	93	0.750	预期使用年限评价	92	0.742	对就业效果的影响	85	0.685
环境管理组织机构	94	0.758	会计核算执行情况	100	0.806	重大事故量	102	0.823	拆迁安置的落实情况	87	0.702
监测信息系统	94	0.758	资金违规率	91	0.734	卫生防护达标率	100	0.806	绿化率达标情况	91	0.734
污染物治理措施	94	0.758	资金利用率	98	0.790	消防达标率	101	0.815	与周边建筑协调性	89	0.718
应急计划纠正措施	87	0.702	财务监控机制的健全性	92	0.742	污染物排放的减少量	94	0.758	废气的排放量达标情况	96	0.774
节能制度健全性	92	0.742	资金审计频率	98	0.790	对周围环境的影响程度	97	0.782	废水的排放量达标情况	99	0.798
材料节能措施	94	0.758	项目支出信息反馈及时性	95	0.766	环境意识的提高程度	93	0.750	固体废物排放量达标情况	94	0.758

续表

指标名称	人数	隶属度	指标名称	人数	隶属度	指标名称	人数	隶属度	指标名称	人数	隶属度
设备节能措施	94	0.758	财务信息质量	94	0.758	资源节约率	98	0.790	产生的噪声的达标情况	93	0.750
施工工艺节能措施	91	0.734	主要工程数量完成率	93	0.750	投资收益率	96	0.774	环保资金投入率的提高幅度	94	0.758
监理单位资质	92	0.742	辅助设施数量完成率	94	0.758	投资回收期	96	0.774	环保监测管理和法令、条例的执行情况	90	0.726
监理程序	89	0.718	工程质量等级	101	0.815	经济内部收益率	86	0.694	废物再利用率提高幅度	99	0.798
监理制度	94	0.758	单位工程一次验收合格率	95	0.766	经济净现值	92	0.742	项目管理方式持续性	93	0.750
分部分项工程优良率	91	0.734	质量达标率	97	0.782	效益费用比	90	0.726	项目的可改造性	91	0.734
返工率	93	0.750	项目的整体使用功能评价	94	0.758	与方针政策的符合性	100	0.806	项目促进当地社会、经济、环境发展程度	90	0.726
组织机构健全性	93	0.750	项目设备的先进性评价	93	0.750	与法律法规的相符性	97	0.782	项目对所处区域的适应性	89	0.718
部门和人员分工明确性	92	0.742	成本节约率	94	0.758	对行业的影响	94	0.758	使用者满意度	102	0.823
财务管理的有效性	98	0.790	竣工决算审计核减率	97	0.782	对单位整体形象的影响	91	0.734	普通民众满意度	93	0.750
会计核算执行情况	100	0.806	工程完成及时率	96	0.774	对周边企的影响	88	0.710	特殊群体满意度	90	0.726

附表 4 指标聚类结果

案例	群集成员														
	50 群集	51 群集	52 群集	53 群集	54 群集	55 群集	56 群集	57 群集	58 群集	59 群集	60 群集	61 群集	62 群集	63 群集	64 群集
1: 申报条件合规性	1	1	1	1	1	1	1	1	1	1	1	1	1	1	1
2: 申报资料完整性	1	1	1	1	1	1	1	1	1	1	1	1	1	1	2
3: 申报程序合规性	1	1	1	1	1	1	1	1	1	2	2	2	2	2	3
4: 项目调整合规性	1	1	1	1	1	1	1	1	1	2	2	2	2	3	4
5: 可行性研究	2	2	2	2	2	2	2	2	2	3	3	3	3	4	5
6: 专家论证	2	2	2	2	2	2	2	2	2	3	3	3	3	4	5
7: 与项目所在地实际需求符合合度	3	3	3	3	3	3	3	3	3	4	4	4	4	5	6
8: 预期收益	3	3	3	4	3	4	3	4	4	5	5	5	5	6	7
9: 项目设计的质量标准	4	4	4	4	4	4	4	5	5	6	6	6	6	7	8
10: 项目施工质量目标	5	5	5	5	5	5	5	6	6	7	7	7	7	8	9
11: 项目的整体使用功能	5	5	5	5	5	5	5	7	7	8	8	8	8	9	10
12: 项目设备的先进性	6	6	6	6	6	6	6	8	8	9	9	9	9	10	11
13: 建设期总投资	7	7	7	7	7	7	7	9	9	10	10	10	10	11	12
14: 劳动安全目标	8	8	8	8	8	8	8	10	10	11	11	11	11	12	13
15: 卫生防护目标	9	9	9	9	9	9	9	11	11	12	12	12	12	13	14
16: 消防目标	10	10	10	10	10	10	10	11	12	13	13	13	13	14	16

续表

案例	群集成员														
	群集50	群集51	群集52	群集53	群集54	群集55	群集56	群集57	群集58	群集59	群集60	群集61	群集62	群集63	群集64
17：污染物排放量	11	11	11	11	11	11	11	12	13	14	14	14	14	16	17
18：对周围环境的影响	13	13	13	13	13	13	13	14	15	16	16	16	16	17	18
19：资源消耗量	14	14	14	14	14	14	14	15	16	17	17	17	17	18	18
20：勘察设计单位资质	15	15	15	15	15	15	15	16	17	18	18	18	18	18	19
21：勘查工作的合规性	15	15	15	15	15	15	15	16	17	18	18	18	18	19	20
22：项目设计程度	1	1	1	1	1	16	16	17	18	19	19	19	19	20	21
23：招投标模式的合规性	1	1	1	1	1	1	17	18	19	20	20	20	20	21	21
24：开标评标的合规性	16	16	16	16	16	17	18	19	20	21	21	21	21	21	22
25：招投标方式的优越性	16	16	16	16	16	17	18	19	20	21	21	21	21	22	23
26：资金审核合规性	17	17	17	17	17	18	19	20	21	22	22	22	22	23	24
27：财政资金到位率	18	18	18	18	18	19	20	21	22	23	23	23	23	24	25
28：配套资金到位率	19	19	19	19	19	20	21	22	23	24	24	24	24	25	26
29：财政资金到位及时率	20	20	20	20	20	21	22	23	24	25	25	25	25	26	27
30：配套资金到位及时率	21	21	21	21	21	22	23	24	25	26	26	26	26	27	27
31：业务管理制度有效性	22	22	22	22	22	23	24	25	26	27	27	27	27	27	28
32：业务管理制度健全性	22	22	22	22	22	23	24	25	26	27	27	27	27	28	29
33：采购决策程序规范性	23	23	23	23	23	24	25	26	27	28	28	28	28	29	30

案例	群集成员														
	群集50	群集51	群集52	群集53	群集54	群集55	群集56	群集57	群集58	群集59	群集60	群集61	群集62	群集63	群集64
34：项目调整及支出调整手续完备性	24	24	24	24	24	25	26	27	28	29	29	29	29	30	31
35：相关资料齐全性	24	24	24	24	25	26	27	28	29	30	30	30	30	31	32
36：项目实施人员、设备落实到位	25	25	25	25	26	27	28	29	30	31	31	31	31	32	33
37：项目变更处理能力	26	26	26	26	27	28	29	30	31	32	32	32	32	33	34
38：项目质量标准健全性	27	27	27	27	28	29	30	31	32	33	33	33	33	34	35
39：质量管理组织结构	28	28	28	28	29	30	31	32	33	34	34	34	34	35	36
40：质量监控程序	29	29	29	29	30	31	32	33	34	35	35	35	35	36	37
41：安全施工责任分工	30	30	30	30	31	32	33	34	35	36	36	36	36	37	38
42：安全施工检查措施	31	31	31	31	32	33	34	35	36	37	37	37	37	38	39
43：会计核算执行情况	32	32	32	32	33	34	35	36	37	38	38	38	38	39	40
44：资金违纪率	33	33	33	33	34	35	36	37	38	39	39	39	39	40	41
45：财务管理的有效性	33	33	33	33	34	35	36	37	38	39	39	39	40	41	42
46：实际投资超概率	34	34	34	34	35	36	37	38	39	40	40	40	41	42	43
47：资金利用率	35	35	35	35	36	37	38	39	40	41	41	41	42	43	44
48：资金审查频率	36	36	36	36	37	38	39	40	41	42	42	42	43	44	45
49：工程质量等级	37	37	37	37	38	39	40	41	42	43	43	43	44	45	46

续表

案例	50群集	51群集	52群集	53群集	54群集	55群集	56群集	57群集	58群集	59群集	60群集	61群集	62群集	63群集	64群集
50：质量达标率	38	38	38	38	39	40	41	42	43	44	44	44	45	46	47
51：工程完成及时率	38	38	38	39	40	41	42	43	44	45	45	45	46	47	48
52：平方造价超标率	39	39	39	40	41	42	43	44	45	46	46	46	47	48	49
53：竣工决算审计核减率	40	40	40	41	42	43	44	45	46	47	47	47	48	49	50
54：固定资产转化率	41	41	41	42	43	44	45	46	47	48	48	48	49	50	51
55：重大事故率	42	42	42	43	44	45	46	47	48	49	49	49	50	51	52
56：卫生防护达标率	43	43	43	44	45	46	47	48	49	50	50	50	51	52	53
57：消防达标率	44	44	44	45	46	47	48	49	50	51	51	51	52	53	54
58：对周围环境的影响程度	45	45	45	46	47	48	49	50	51	52	52	52	53	54	55
59：资源节约率	46	46	46	47	48	49	50	51	52	53	53	53	54	55	56
60：投资收益率	47	47	47	48	19	50	51	52	53	54	54	54	55	56	57
61：投资回收期	47	47	47	48	49	50	51	52	53	54	54	55	56	57	58
62：与方针政策的符合性	48	48	48	49	50	51	52	53	54	55	55	56	57	58	59
63：与法律法规的相符性	48	48	49	50	51	52	53	54	55	56	56	57	58	59	60
64：废水的排放量达标情况	49	49	50	51	52	53	54	55	56	57	57	58	59	60	61
65：废气的排放量达标情况	49	49	50	51	52	53	54	55	56	57	58	59	60	61	62
66：废物再利用率提高幅度	49	50	51	52	53	54	55	56	57	58	59	60	61	62	63
67：使用者满意度	50	51	52	53	54	55	56	57	58	59	60	61	62	63	64

群集成员

附表 5　政府投资基本建设项目绩效评价结果性指标

一级指标	二级指标	三级指标	四级指标	五级指标	结果指标	指标说明
投入	项目立项	项目立项规范性	项目申报合规性	申报资料完整性	"降档评级"式指标	所提交的文件、资料是否完整
				申报程序合规性	"降档评级"式指标	项目是否按照规定的程序申请设立
			项目决策规范性	项目是否立项，是否经过可行性研究，是否经过初步设计概算	"降档评级"式指标	项目是否已经过立项、可行性研究、初步设计概算或者是否经过可行性研究、提交项目实施方案
		绩效目标合理性	绩效目标依据充分性	与项目目所在地实际需求符合度	建设规模、建设标准达标率	达标的单位工程数量/交验单位工程数量×100%
			绩效目标可行性	预期收益	预期收益偏差率	1－（年当前实际收益率/年预期收益率）
		绩效指标明确性	质量目标	项目设计的质量标准、项目施工质量目标、项目的整体使用功能、项目设备的先进性	工程优良率偏差率	预期工程优良率与实际工程优良率的偏差
					交验合格率偏差率	预期单位工程交验合格率与实际单位工程交验合格率偏差
					返工损失偏差率	预期返工损失率与实际返工损失率的偏差
			投资目标	建设期总投资	投资收益偏差率	预期投资收益率与实际投资收益率的偏差
			劳动安全卫生消防目标	劳动安全目标、卫生防护目标、消防目标	重大事故发生率偏差率	预期重大事故发生率与实际重大事故发生率的偏差
					消防达标偏差率	预期消防达标率与实际消防达标率的偏差
					卫生防护达标偏差率	预期卫生防护达标率与实际卫生防护达标率的偏差

续表

一级指标	二级指标	三级指标	四级指标	五级指标	结果指标	指标说明
投入	项目立项		环境目标	污染物排放量、对周围环境的影响	废水排放达标率偏差率	预期废水排放达标率与实际废水排放达标率的偏差
					废气排放达标率偏差率	预期废气排放达标率与实际废气排放达标率的偏差
					固体废物污染控制率偏差率	预期固体废物污染染控制率与实际固体废物污染控制率的偏差
			节能目标	资源消耗量	资源节约偏差率	（项目计划资源消耗量–项目实际资源消耗量）/计划资源消耗量×100%
		实施准备情况	项目勘察	勘察工作的合规性	不利物质条件引起的工程索赔率	不利物质条件引起的工程索赔额/合同总价款×100%
			项目设计	项目设计程度	设计变更率	设计变更引起的价款调整合同总价款/合同总价款×100%
			招投标组织实施	招投标流程、开标评标的合规性	"一票否决"式指标	是否符合《中华人民共和国招标投标法实施条例》等相关法律规定
			资金审核合规性	"降档评级"式指标		是否符合《政府投资项目审计规定》中的有关规定、预决算审核工作是否合规
	资金投入	资金筹集	资金到位率	财政资金到位率、配套资金到位率	财政资金到位率	财政资金实际到位额/总额财政资金计划投入总额×100%
					配套资金到位率	配套资金实际到位额/总额配套资金计划投入总额×100%
		资金落实	到位及时率	财政资金到位及时率、配套资金到位及时率	财政资金到位及时率	及时到位财政资金应到位财政资金×100%
					配套资金到位及时率	及时到位配套资金应到位配套资金×100%

续表

一级指标	二级指标	三级指标	四级指标	五级指标	结果指标	指标说明
过程	业务管理	制度执行有效性	制度执行合规性	采购决策程序规范性	"一票否定"式指标	是否符合《中华人民共和国政府采购法》中的相关规定
				项目调整手续完整性	"降档评级"式指标	项目调整及支出调整手续是否完备
				支出调整手续完备性	"降档评级"式指标	
			制度执行落实性	相关资料齐全性	"降档评级"式指标	项目合同书、检验报告、技术鉴定等资料是否齐全及时归档
				项目实施人员、设备落实到位	制度落实达标合格率	项目实施的人员、场地设备、信息支撑等等落实到位的合格情况
		合同管理可控性	合同变更情况	项目变更处理能力	合同价款调整比率	调整的合同价款/合同总价×100%
		项目质量可控性	项目质量标准健全性	"降档评级"式指标		是否已制定或具有相应的项目质量要求或者标准
			质量控制措施	质量管理组织机构、质量监控程序	检验批质量合格率	合格检验批工程数/检验批工程总数×100%
					隐蔽工程质量合格率	合格隐蔽工程数/隐蔽工程总数×100%
					分部分项工程质量合格率	合格分部分项工程数/分部工程总数×100%
		项目安全可控性	安全施工措施	安全施工责任分工、安全施工检查措施	安全措施达标合格率	采取的安全措施最终达标合格情况

续表

一级指标	二级指标	三级指标	四级指标	五级指标	结果指标	指标说明
过程	财务管理	管理制度健全性	项目资金管理办法健全性	会计核算制度执行情况	跟踪审计核减率	（审定金额－报审金额）/报审金额×100%
		资金使用合规性	实际投资超概率、资金利用率	实际投资超概率、资金利用率	实际投资超概率	实际投资超概算金额/工程批准概算投资额×100%
					资金利用率	实际用于项目的支出总额/实际到位资金×100%
		财务监控有效性	财务监控措施的有效性	资金审查频率、资金违纪率	资金审查频率	定期进行必要的资金审查
					资金违纪率	资金违纪金额/项目实际总投资×100%
产出	项目产出	质量目标实现程度	工程施工实际质量评价	工程质量等级、质量达标率	工程优良率	优良单位工程数量/交验单位工程数量×100%
					交验合格率	合格的单位工程数量/验收单位工程数量×100%
					返工损失率	返工损失金额/累计完成投资额×100%
		时间目标实现程度	完成及时率	工程完成及时率	工程完成及时率	（工程计划完成时间－工程实际完成时间）/工程计划完成时间×100%
		投资目标实现程度	建设期总投资评价	平方造价超标率、竣工决算审计核减率、固定资产产化率	平方造价超标率	工程超支金额/总建筑面积×100%
					竣工决算审计核减率	（审定金额－报审金额）/报审金额×100%
					固定资产产化率	固定资产产价值总额/审定总投资额×100%
		劳动安全卫生消防目标实现程度	劳动安全目标评价	重大事故数量	重大事故发生率	重大事故发生数量/全部事故发生数量×100%
		卫生消防目标实现程度	卫生防护目标评价	卫生防护达标率	卫生防护达标率	卫生防护指标达标指标数/全部卫生防护指标数×100%
		消防目标实现程度	消防目标评价	消防达标率	消防达标率	消防指标达标指标数/全部消防指标数×100%
		节能目标实现程度	资源消耗的降低程度	资源节约率	资源节约率	（项目计划资源消耗量－项目实际资源消耗量）/计划资源消耗量×100%

续表

一级指标	二级指标	三级指标	四级指标	五级指标	结果指标	指标说明
效果	项目效益	经济效益	财务效益	投资收益率、投资回收期	投资收益率	投资收益率=累计净现金流量现值/累计投资成本×100%
					投资回收期	动态投资回收期=（累计净现金流量现值出现正值的年份数-1）+上一年累计正值年份净现金流量的现值/出现正值年份的绝对值净现金流量的现值 静态投资回收期=（累计净现金流量出现正值的年份数-1）+上一年累计正值年份的绝对值/出现正值年份净现金流量净现金流量
			国民经济效益	经济内部收益率、效益费用比	经济内部收益率	项目计算期内经济净现值累计等于零的折现率
					效益费用率	效益流量的现值/费用流量的现值×100%
		社会效益	对地区人民生活水平的影响	新增就业率、拆迁投诉率	新增就业	（累计新增就业人数-累计自然减员人数）/地区总人口数
					拆迁投诉率	拆迁投诉案件影响数量/总投诉案件数量
		生态效益	绿化情况	绿化率	绿化率	绿化植物垂直投影影响面积/项目建设用地总面积×100%
			主要污染物的排放情况	废水排放达标情况、废气排放达标情况、固体废物废物污染控制情况	废水排放达标率	废水排放达标量/废水总排放量×100%
					废气排放达标率	废气排放达标量/废气总排放量×100%
					固体废物污染控制情况	固体废物再利用量/总废物数量×100%
			节能效果	废物再利用率	废物再利用率	废物再利用量/总废物总量×100%
		可持续影响	项目对所处区域影响的可持续性	项目促进当地社会、经济、环境发展程度	单位投资就业人数	新增就业人数/项目投资（万元）

157

续表

一级指标	二级指标	三级指标	四级指标	五级指标	结果指标	指标说明
效果	项目效益	社会公众或服务对象满意度	使用者满意度	使用者好评率	使用者好评率	好评总人数/使用者总人数×100%
			普通民众满意度	普通民众好评率	普通民众好评率	好评总人数/普通民众总人数×100%
			特殊群体满意度	特殊群体好评率	特殊群体好评率	好评总人数/特殊群体总人数×100%

附表6　政府投资基本建设项目绩效评价共性指标体系权重表

一级指标	权重(%)	二级指标	权重(%)	三级指标	权重(%)	四级指标	权重(%)	五级指标	结果指标	权重(%)
投入	25	项目立项	21	项目立项规范性	0	项目申报合规性	0	申报资料完整性	"降档评级"式指标	0
								申报程序合规性	"降档评级"式指标	0
						项目决策规范性	0	可行性研究	"降档评级"式指标	0
				绩效目标合理性	2	绩效目标依据充分性	1	与项目所在地实际需求符合度	建设规模、建设标准达标率	1
						绩效目标可行性	1	预期收益	预期收益偏差率	1
				绩效目标明确性	16	质量目标	5	项目设计的质量标准、项目施工质量目标	工程优良偏差率	1
								项目的整体先进性	交验合格偏差率	2
								功能、项目设备的先进性	返工损失偏差率	2
						投资目标	2	建设期总投资	投资收益偏差率	2
						劳动安全卫生消防目标	3	劳动安全目标、卫生防护目标、消防目标	重大事故发生偏差率	1
									消防达标偏差率	1
									卫生防护达标偏差率	1
						环境目标	6	污染物排放量、对周围环境的影响	废水排放达标偏差率	2
									废气排放达标偏差率	2
									固体废物污染防控情况	2
						节能目标	1	资源消耗量	资源节约率	1
				实施准备情况	3	项目勘察	1	勘察工作的合规性	不利物质条件引起的工程索赔率	1
						项目设计	1	项目设计程度	设计变更率	1
						招投标组织实施	0	招投标流程、开标评标的合规性	"一票否定"指标	0

续表

一级指标	权重(%)	二级指标	权重(%)	三级指标	权重(%)	四级指标	权重(%)	五级指标	结果指标	权重(%)
投入	25	资金投入	4	资金筹集	0	资金审核合规性	0	"降档评级"式指标	"降档评级"式指标	0
				资金落实	4	资金到位率	2	财政资金到位率	财政资金到位率	1
								配套资金到位率	配套资金到位率	1
						到位及时率	2	财政资金到位及时率	财政资金到位及时率	1
								配套资金到位及时率	配套资金到位及时率	1
过程	15			制度执行有效性	1	制度执行合规性	1	采购决策程序规范性	"一票否定"指标	0
								项目调整手续完整性	"降档评级"式指标	0
								支出调整手续完备性	"降档评级"式指标	0
								相关资料齐全性	"降档评级"式指标	0
						制度执行落实性	1	项目实施人员、设备落实到位	制度落实达标合格率	1
				合同管理可控性	1	合同变更情况	1	项目变更处理能力	合同价款调整比率	1
		业务管理	10	项目质量可控性	6	项目质量标准健全性	0	"降档评级"式指标	"降档评级"式指标	0
						质量控制措施	6	质量管理组织机构、质量监控程序	检验批质量合格率	2
									隐蔽工程质量合格率	2
									分部分项工程质量合格率	2
				项目安全可控性	2	安全施工措施	2	安全施工责任分工、安全施工检查措施	安全措施达标合格率	2

续表

一级指标	权重（%）	二级指标	权重（%）	三级指标	权重（%）	四级指标	权重（%）	五级指标	权重（%）	结果指标	权重（%）
过程	15	财务管理	5	管理制度健全性	1	项目资金管理办法健全性	1	会计核算制度执行情况	1	跟踪审计核减率	1
				资金使用合规性	2			实际投资超概率、资金利用率		实际投资超概率	1
										资金利用率	1
				财务监控有效性	2	财务监控措施的有效性	2	资金审查频率、资金违纪率	2	资金审查频率	1
										资金违纪率	1
产出	20	项目产出	20	质量目标实现程度	6	工程施工实际质量评价	6	工程质量等级、质量达标率	6	工程优良率	2
										交验合格率	2
										返工损失率	2
				时间目标实现程度	2	完成及时率	2	工程完成及时率	2	工程完成及时率	2
				投资目标实现程度	6	建设期总投资评价	6	平方造价超标率、竣工决算审计核减率、固定资产转化率	2	平方造价超标率	2
										竣工决算审计核减率	2
										固定资产转化率	2
				劳动安全卫生消防目标实现程度	5	劳动安全目标评价	2	重大事故	2	重大事故发生率	2
						卫生防护目标评价	1	卫生防护达标率	1	卫生防护达标率	1
						消防目标评价	2	消防达标率	2	消防达标率	2
				节能目标实现程度	1	资源消耗的降低程度	1	资源节约率	1	资源节约率	1

续表

一级指标	权重(%)	二级指标	权重(%)	三级指标	权重(%)	四级指标	权重(%)	五级指标	结果指标	权重(%)
效果	40	项目效益	40	经济效益	8	财务效益	4	投资收益率、投资回收期	投资收益率	2
									投资回收期	2
						国民经济效益	4	经济内部收益率、效益费用比	经济内部收益率	2
									效益费用比	2
				社会效益	7	对地区人民生活水平的影响	7	新增就业率、拆迁投诉率	新增就业率	3
									拆迁投诉率	4
				生态效益	12	绿化情况	3	绿化率	绿化率	3
						主要污染物的排放情况	6	废水排放情况、废气排放达标情况、固体废物污染控制情况	废水排放标达率	2
									废气排放标达率	2
									固体废物污染控制情况	2
						节能效果	3	废物再利用率	废物再利用率	3
				可持续影响	3	项目对听处区域影响的可持续性	3	项目促进当地社会、经济、环境发展程度	新增就业率	3
				社会公众或服务对象满意度	10	使用者满意度、普通民众满意度、特殊群体满意度	10	使用者好评率	使用者好评率	4
								普通民众好评率	普通民众好评率	3
								特殊群体好评率	特殊群体好评率	3

附表7　政府投资基本建设项目绩效评价量化指标的评价标准值数据库

一级指标	二级指标	三级指标	四级指标	五级指标	结果指标	指标说明	标准值	标准值类型	评价标准取值基础
投入	项目立项	绩效目标合理性	绩效目标依据标准充分性	与项目所在地实际需求符合度	人均用地	是否符合《天津市城市规划管理技术规定》的规定	①社会福利设施用地（0.2~0.4）②医疗卫生设施用地（0.9~1.1）③体育设施用地（0.5~0.8）④行政办公实施用地（0.8~1.1）⑤其他（0.6~0.8）	越大越好	地方标准
					容积率	总建筑面积/总用地面积	小于等于3.0	越小越好	地方标准
			绩效目标可行性	预期收益	预期收益率	期望投资收益/投资成本×100%	①公路建设6%；②污水处理项目5%；③垃圾填埋项目4%；④其他5%	—	国家标准
		绩效目标明确性	质量目标	项目设计的质量目标、项目施工质量目标	质量达标率	是否符合工程质量标准的要求	检验批、分项工程、分部工程、单位工程四个方面的施工质量合格率均达到100%	越大越好	企业标准
			进度目标	项目的进度目标	施工进度提前率	(定额工期-合同工期)/定额工期	小于等于15%	越大越好	国家标准　地方标准
			投资目标	建设期总投资	投资强度	项目固定资产总投资/项目总用地面积	①医疗卫生设施（0.16万元/平方米）；②行政办公实施用地（0.57万元/平方米）；③其他（0.60万元/平方米）	越大越好	标杆标准
			劳动安全卫生消防目标	劳动安全目标、卫生防护目标、消防目标	安全资金投入率	安全文明施工费/建安费×100%	①房屋建筑工程2%；②市政公用工程1.5%；③其他2%	越大越好	国家标准
					消防资金投入率	消防投入资金/建安费×100%	2%	越大越好	历史标准

续表

一级指标	二级指标	三级指标	四级指标	五级指标	结果指标	指标说明	标准值	标准值类型	评价标准取值基础
投入	项目立项	绩效目标明确性	环境目标	环保设备目标	环保资金投入量	施工环保投入金额/建安费×100%	2%	越大越好	历史标准
				低碳材料目标	低碳材料投入量	低碳材料资金投入金额/材料总金额×100%	2%	越大越好	历史标准
			节能目标	建设节能能耗	建筑总能耗指标	建筑节能能耗是否符合国家标准	大于等于50%	越大越好	国家标准 地方标准
					建筑体型系数	建筑物与室外大气接触的外表面积/所包围的体积	小于等于0.4	越小越好	国家标准 地方标准
		实施准备情况	项目勘察	勘察工作的合规性	不利物质条件引起工程索赔	不利物质条件引起的工程索赔额/合同总价款×100%	小于等于10%	越小越好	经验标准
			项目设计	项目设计深度	设计深度	设计变更引起的价款调整/合同总价款×100%	小于等于10%	越小越好	国家标准 经验标准
	资金投入	资金落实	资金到位率	财政资金到位率、配套资金到位率	财政资金到位率	财政资金实际到位总额/财政资金计划投入总额×100%	100%	越大越好	标杆标准
					配套资金到位率	配套资金实际到位总额/配套资金计划投入总额×100%	100%	越大越好	标杆标准

续表

一级指标	二级指标	三级指标	四级指标	五级指标	结果指标	指标说明	标准值	标准值类型	评价标准取值基础
投入	资金投入	资金落实	到位及时率	财政资金到位及时率	财政资金到位及时率	及时到位财政资金/应到位财政资金×100%	100%	越大越好	标杆标准
				配套资金到位及时率	配套资金到位及时率	及时到位配套资金/应到位配套资金×100%	100%	越大越好	标杆标准
过程	业务管理	制度执行有效性	制度执行落实性	项目实施人员、设备落实到位	制度落实达标合格率	项目实施的人员、场地设备，信息支撑等落实到位的合格情况	100%	最优值，越大越好	经验标准
		合同管理可控性	合同变更情况	合同变更处理能力	合同价款调整比率	调整的合同价款/合同总价款×100%	小于等于10%	最低值，越小越好	标杆标准
		项目质量可控性	质量控制措施	质量管理组织机构、质量监控程序	检验批质量合格率	合格检验批工程数/检验批工程总数×100%	主控项目：质量合格率100%；一般项目：质量合格率为100%	越大越好	企业标准
					隐蔽工程质量合格率	合格隐蔽工程数/隐蔽工程总数×100%	100%	最优值，越大越好	经验标准
					分部工程质量合格率	合格分部工程数/分部工程总数×100%	分项工程质量合格率为100%；观感质量合格率100%；主要分部工程质量合格率为100%	越大越好	国家标准

续表

一级指标	二级指标	三级指标	四级指标	五级指标	结果指标	指标说明	标准值	标准值类型	评价标准取值基础
过程	业务管理	项目进度可控性	进度控制措施	工程进度变化情况	项目计划工期率	工程竣工实际工期/工程计划工期×100%	0.75～1	最低值，越小越好	计划标准
		项目安全可控性	安全施工措施	安全施工责任分工、安全施工检查措施	安全措施达标合格率	采取的安全措施最终达标合格情况	100%	最优值，越大越好	经验标准
					劳动大安全完成率	安全生产的目标应是死亡率为0。(1-劳动力因事故损失量/劳动力总量)×100%	100%	最优值，越大越好	经验标准
		管理制度健全性	项目资金管理办法健全性	会计核算制度执行情况	跟踪审计核减率	(审定金额-报审金额)/报审金额×100%	5%	最低值，越小越好	标杆标准
	财务管理	资金使用合规性	实际投资超概率、资金利用率	实际投资超概率	实际投资超概算率	实际投资超概金额/工程批准概算投资额×100%	实际投资超概金额/工程批准概算投资额×100%	越小越好	计划标准
				资金利用率	实际用于项目的支出总率	实际用于项目的支出总额/实际到位资金×100%	实际用于项目的支出总额/实际到位资金×100%	最优值，越大越好	计划标准
		财务监控有效性	财务监控措施的有效性	资金审查频率、资金时效性	资金审查频率	定期进行必要的资金审查	4.75次/月	基本值	历史标准
					资金提前支出比率	是否满足及时、有效、合规	20%	基本值	历史标准

166

续表

一级指标	二级指标	三级指标	四级指标	五级指标	结果指标	指标说明	标准值	标准值类型	评价标准取值基础
产出	项目产出	质量目标实现程度	工程施工实际质量评价	工程质量等级、质量达标率	工程优良率	优良单位工程数量/单位工程数量×100%	分部优良率为60% 观感质量优良率60%	最低值，越大越好	企业标准
					质量达标率	（质量达标产出数/实际产出数）×100%	100%	最优值，越大越好	计划标准
					返工损失率	返工损失金额/累计完成投资额×100%	≤0.5‰	最大值，越低越好	历史标准
		进度目标实现程度	完成及时率	工程完成及时率	工程完成及时率	[（计划完成时间−实际完成时间）/（计划完成时间）]×100%	100%	最优值，越大越好	计划标准
			工程实际完成率	工程实际完成率	工程实际完成率	（实际产出数/计划产出数）×100%	100%	最优值，越大越好	计划标准
		投资目标实现程度	建设期总投资评价	平方造价超标率、竣工决算审计核减率、工程成本节约率、固定资产转化率	平方造价超标率	工程超支金额/总建筑面积×100%	小于等于0.03万/平方米	越小越好	历史标准
					竣工决算审计核减率	（审定金额−报审金额）/报审金额×100%	5%	最低值，越小越好	标杆标准
					工程成本节约率	[（计划成本−实际成本）/计划成本]×100%	12%	最优值，越大越好	经验标准
					固定资产转化率	固定资产价值/总投资额×100%	80%	最低值，越高越好	计划标准

续表

一级指标	二级指标	三级指标	四级指标	五级指标	结果指标	指标说明	标准值	标准值类型	评价标准取值基础
产出	项目产出	劳动安全卫生	劳动安全目标评价	事故量	事故发生率	事故发生数量/全部事故发生数量×100%	0	等级越低越好	国家标准
			卫生防护目标评价	卫生防护达标率	卫生防护达标率	卫生防护指标达标数/全部卫生防护指标数×100%	100%	最优值，越大越好	标杆标准
		消防目标实现程度	消防目标评价	消防达标率	消防达标率	消防指标达标数/全部消防指标数×100%	100%	最优值，越大越好	计划标准
		环境目标实现程度	主要污染物的排放情况	噪声排放标准限值、废气排放达标情况、固体废物污染控制情况	噪声排放标准限值	是否符合《建筑施工场界环境噪声排放标准》	白天≤70dB；晚上≤55 dB	最高值，越低越好	国家标准
					废气排放达标率	废气排放达标量/废气总排放量×100%	100%	最优值，越大越好	历史标准
					固体废物污染控制情况	固体废物量/总废物量×100%	90%	基本值	历史标准
		节能目标实现程度	资源消耗的降低程度	资源节约率	资源节约率	（项目计划资源消耗量-项目实际资源消耗量）/计划资源消耗量×100%	2%	基本值	经验标准

续表

一级指标	二级指标	三级指标	四级指标	五级指标	结果指标	指标说明	标准值	标准值类型	评价标准取值基础
效果	项目效益	经济效益	财务效益	投资收益率、投资回收期	投资收益率	投资收益/投资成本×100%	公路建设项目5%；污水处理项目6%；垃圾填埋项目4%；其他5%	—	国家标准
					投资回收期	动态投资回收期=（累计净现金流量出现正值的年数-1）+上一年累计净现金流量现值的绝对值/出现正值年份净现金流量的现值 静态投资回收期=（累计净现金流量出现正值的年数-1）+上一年累计净现金流量的绝对值/出现正值年份净现金流量	小于等于5年	最高值，越小越好	经验标准
			国民经济效益	经济内部收益率、效益费用比	经济内部收益率	项目计算期内经济净现值累计等于零的折现率	大于等于8%	最低值，越大越好	经验标准
					效益费用比	效益流量的现值/费用流量的现值×100%	大于等于1.0	最低值，越大越好	经验标准
		社会效益	对地区人民生活水平的影响	新增就业率指数	新增就业率指数	新增总就业人数/项目总投资数越大越好	0.5%	最优值，越大越好	经验标准
				拆迁投诉率	拆迁投诉率	拆迁投诉案件数量/总投诉案件数量	0~4%	基本值	经验标准

续表

一级指标	二级指标	三级指标	四级指标	五级指标	结果指标	指标说明	标准值	标准值类型	评价标准取值基础
效果	项目效益		对社会发展的影响	劳动生产率贡献度	劳动生产率贡献度	[（有公共项目时的劳动生产率－无公共项目时的劳动生产率）/有公共项目时的劳动生产率]×100%	0～1	基本值	经验标准
		生态效益	绿化情况	绿化率	绿化率	绿化植物垂直投影面积/项目建设用地总面积×100%	公共设施35%；污水、垃圾处理厂45%	最低值，越高越好	地方标准
			节能效果	废物再利用率	能耗减少率	（未采用节能措施平米能耗量－采用节能措施平米能耗量）/未采用节能措施平米能耗量×100%	大于等于50%	最低值，越大越好	地方标准
		可持续影响	项目对所处区域影响的可持续性	项目促进当地社会、经济、环境发展程度	人均水资源拥有量变动率	[（报告期人均水资源拥有量－基期人均水资源拥有量)/基期人均水资源拥有量]×100%	0.1‰	最低值，越高越好	标杆标准
					人均耕地面积变动率	[（报告期人均耕地面积－基期人均耕地面积）/基期人均耕地面积]×100%	0.20‰	最优值	标杆标准

一级指标	二级指标	三级指标	四级指标	五级指标	结果指标	指标说明	标准值	标准值类型	评价标准取值基础
效果	项目效益	可持续影响	项目对所处区域影响的可持续性	项目促进当地经济、社会、环境发展程度	能源年消耗量变动率	[(报告期能源年消耗量-基期能源年消耗量)/基期能源年消耗量]×100%	4%	最大值，越低越好	标杆标准
			项目自身可持续性	管理方式持续性	管理规模比	管理人员数量比项目总规模	2%~5%	基本值	经验标准
				功能实现情况	达产时间	达到设计能力100%所需时间	小于等于2年	最大值，越低越好	历史标准
		社会公众或服务对象满意度	使用者满意度、普通民众满意度、	使用者好评率	好评总人数/使用者总人数×100%	使用总人数中好评者占比	大于等于90%	最低值，越大越好	历史标准
				普通民众好评率	好评总人数/普通民众总人数×100%	普通民众中好评者占比	大于等于90%	最低值，越大越好	历史标准

附表 8 "降档评级" 式指标评议参考标准

阶段	指标	参考标准	评价标准取值基础	来源	判断方案
投入阶段	申报资料完整性	申报资料主要分为四部分，每部分提交资料是否齐全 1. 项目建议书 ①拟建地点的用地协议；②建设金来源的意向；③国土、规划部门对拟建地点的意见；④市行业主管部门的行业审查意见；⑤项目建议书文本；⑥项目业主单位经过批准的文件； 2. 项目可行性研究报告 ①批准的项目建议书；②国土、规划部门的定点意见；③建设资金来源的落实意见；④重大项目必须具备有资格的咨询评估单位的评估意见和经过批准的选址报告。 3. 工程初步设计 ①项目业主单位经主管部门审核同意的申请审批工程初步设计的文件；②具有相应资质机构编制的并符合国家规定深度和要求的勘察报告和相应资质的咨询委托单位对工程初步设计及概算的咨询意见；④工程初步设计专家审查意见；⑤工程初步设计审查会议纪要。	经验标准	《工程造价咨询网》	判断方案二 判断方案三
	申报程序合规性	是否按照此程序进行项目申报：立项和可行性研究报告报批阶段——工程初步设计报批阶段——工程开工许可报批阶段	地方标准	《天津市人民政府关于政府投资项目全部进入行政许可服务中心安行联合审批有关事项的通知》	判断方案一

续表

阶段	指标	参考标准	评价标准取值基础	来源	判断方案
	项目前期手续的批决议文件	项目是否具有以下批复文件及决议文件 ①立项与可行性研究阶段：项目建议书批复文件、建设项目规划选址意见许可函批准可，环境影响书面许可、固定资产投资项目合理用能审批许可，项目可行性研究报告批复文件；②初步设计报批阶段：修建性详细规划批复文件、建设工程设计方案批复文件、初步设计批复文件（含概算评审）、建设用地规划许可证、建设工程消防设计批复文件、建设用地批准书（国有土地划拨决定书、建设工程规划许可证）；③开工许可报批阶段：建筑工程施工许可	地方标准	《天津市人民政府关于政府投资项目全部进入行政许可服务中心实行联合审批有关事项的通知》	判断方案一
投入阶段	低碳环保制度完善程度	①是否符合国家规定的环境管理体系文件；②是否提供了建立环境目标和指标的框架；③是否符合组织对环境管理工作的预定安排；④是否得到了恰当的实施并持续性改进。	国家标准	《环境管理体系要求及使用指南》GBT24001-2004；《中华人民共和国环境保护法》《环境管理体系原则、体系和支持技术通用指南》	判断方案一
	招投标流程、开标标评标的合规性	①符合必须招投标的项目是否进行了招投标；②招投标过程是否符合国家、行业、地方标准的规定；③招投标程序是否按照规定的程序组织招投标活动，评价程序的合规性以及投诉、质疑行为的有效性；④开标评标是否按照招标文件规定的时间、地点进行；⑤是否实行国家统一规定的评标专家专业分类标准和管理办法。	国家标准	《中华人民共和国招投标法实施条例》	判断方案一

173

续表

阶段	指标	参考标准	评价标准取值基础	来源	判断
投入阶段	项目征地拆迁合规性	①是否符合国家规定的建设项目征地拆迁管理的标准；②是否按国家要求提供准确的征地范围图；③符合规定要求提供的报批文件、资料；④是否向项目所在地提出用地申请；⑤是否符合法定的征地拆迁程序；⑥是否符合国家规定的征地拆迁补偿标准。	国家标准 地方标准	《惠州市加强建设项目征地拆迁管理规定》《广西壮族自治区铁路交通基础设施建设项目征地拆迁工作实施办法》《国务院办公厅关于进一步严格征地拆迁管理工作切实维护群众合法权益的紧急通知》	判断方案一
	资金审核合规性	①资金筹集方式是否符合国家规定；②资金筹集程序是否合规；	地方标准 经验标准	《无锡市政府关于加强政府性投资项目建设资金管理的若干意见》（锡政发〔2003〕328号）	判断方案二 判断方案三
过程阶段	采购决策程序规范性	采购决策的程序是否按照。1. 采用竞争性谈判方式采购的，应当遵循下列程序：①成立谈判小组；②制定谈判文件；③确定邀请参加谈判的供应商名单；④谈判；⑤确定成交供应商。2. 采取询价方式采购的，应当遵循下列程序：①成立询价小组；②确定被询价的供应商名单；③询价；④确定成交供应商。	国家标准	《中华人民共和国政府采购法》	判断方案一

174

续表

阶段	指标	参考标准	评价标准取值基础	来源	判断方案
	调整手续完备性	主要包括三部分： ①报送的变更资料是否具有真实性和完备性。变更资料应包括提出变更的原因及依据、主要变更内容、工程量、变更金额、变更设计图纸及说明等，并留存现场影像资料，并提供变更的相关资料应一并提供全部电子文件； ②所有文件在相关单位负责人确认后是否进行意见签署，并加盖单位公章； ③是否提交虚假变更资料。	地方标准	《关于印发市政公用和交通政府投资项目工程变更管理办法的通知》	判断方案一
过程阶段	相关资料齐全性	项目是否具备以下资料： ①勘察设计文本（含施工图纸）；②招标投标资料和政府采购资料； ③勘察、设计、施工、监理、采购合同；④验收申请、验收报告； ⑤监理日志和定期监理报告；⑥土地使用证；⑦其他相关资料或附件。	地方标准	《天津市人民政府关于政府投资项目全部进入行政许可服务中心实行联合审批有关事项的通知》	判断方案一
	项目质量质量标准健全性	检验批、分项、分部、单位工程质量均分为"合格"与"优良"两个等级建立质量标准： 合格：a. 主控项目与一般项目的质量经抽样检验全部合格；b. 具有完整的施工操作依据、质量检查记录。 优良：在合格基础上，检验批所包含的各个指定项目均达到优良，其中指定项目优良指指定项目质量经抽样检验，符合相关专业质量评定标准中优良标准的符合率达到80%及以上。	企业标准	《建筑工程施工质量评定标准》	判断方案一

续表

阶段	指标	参考标准	评价标准取值基础	来源	判断方案
过程阶段	项目质量标准 健全性	②分项工程质量标准：合格：a. 分项工程所含的检验批均应符合合格质量的规定。b. 分项工程所含的检验批的质量验收记录应完整。 优良：在合格基础上，有60%及以上检验批为优良。 ③分部工程的质量标准：合格：a. 分部（子分部）工程所含分项工程的质量均应验收合格。b. 质量控制资料应完整。c. 地基与基础、主体结构和设备安装等分部工程有关安全及功能的检验和抽样检测结果应符合有关规定。d. 观感质量验收应符合要求。 优良：a. 在合格基础上，有10%及以上分项为优良。b. 观感质量评定为优良。 ④单位工程的质量标准：合格：a. 单位（子单位）工程所含分部（子分部）工程的质量均应验收合格。b. 质量控制资料应完整。c. 单位（子单位）工程所含分部工程有关安全和功能的检测资料应完整。d. 主要功能项目的抽查结果应符合相关专业质量验收规范的规定。e. 观感质量验收应符合要求。 优良：a. 在合格基础上，有60%及以上的分部工程为优良，建筑工程必须含主体结构和建筑装饰装修分部工程。指定的分部工程必须为主的三维工程。b. 观感质量优良率在60%以上。	—	—	—

附表 9　政府投资基本建设项目绩效评价量化指标评级标准

一级指标	二级指标	三级指标	四级指标	五级指标	结果指标	标准值取值基础	标准值	评价标准（标准区间）	分值
投入	项目立项	绩效目标合理性	绩效目标可行性	预期收益	预期收益率	国家标准	6%	3.5%以下	60
								[3.5%, 5%)	70
								[5%, 6.5%)	80
								[6.5%, 7.0%)	90
								7.0%以上	100
			质量目标	项目设计的质量标准、项目施工质量目标	质量达标	企业标准	检验批、分项工程、分部工程、单位工程四个方面的施工质量合格率均达到100%。	70%以下	60
								[70%, 82%)	70
								[82%, 90%)	80
								[90%, 96%)	90
								[96%, 100%]	100
		绩效目标明确性	进度目标	项目的进度目标	施工进度提前率	国家标准 地方标准	小于等于15%	0%以下或15%以上 [0%, 7%)	60
								[7%, 10.5%)	70
								[10.5%, 13.5%)	80
								[13.5%, 15%)	90
								15%	100
			投资目标	建设期总投资	投资强度	标杆标准	其他（0.60万元/平方米）	0.55万元/平方米以下	60
								[0.55, 0.62)	70
								[0.62, 0.67)	80
								[0.67, 0.70)	90
								0.70 以上	100

续表

一级指标	二级指标	三级指标	四级指标	五级指标	结果指标	标准值取值基础	标准值	评价标准 标准区间	分值
投入	项目立项	绩效目标明确性	劳动安全卫生消防目标	劳动安全目标、卫生防护目标、消防目标	安全资金投入率	国家标准	市政公用工程1.5%	1%以下	60
								[1%, 1.5%)	70
								[1.5%, 2%)	80
								[2%, 2.3%)	90
								2.3%以上	100
					消防资金投入率	历史标准	2%	1%以下	60
								[1%, 1.5%)	70
								[1.5%, 2%)	80
								[2%, 2.5%)	90
								2.5%以上	100
			环境目标	环保设备目标	环保资金投入率	历史标准	2%	1%以下	60
								[1%, 1.5%)	70
								[1.5%, 2%)	80
								[2%, 2.5%)	90
								2.5%以上	100
				低碳材料目标	低碳材料投入率	历史标准	2%	1%以下	60
								[1%, 1.5%)	70
								[1.5%, 2%)	80
								[2%, 2.5%)	90
								2.5%以上	100

一级指标	二级指标	三级指标	四级指标	五级指标	结果指标	标准值取值基础	标准值	标准区间	分值
投入	项目立项	绩效目标明确性	节能目标	建设节能能耗	建筑体型系数	国家标准	小于 0.3	0.6 以上	60
								[0.5, 0.6)	70
								[0.4, 0.5)	80
								[0.3, 0.4)	90
								0.3 以下	100
			项目勘察	勘察工作的合规性	不利物质条件引起的工程索赔率	经验标准	小于等于 10%	10%以上	60
								(5%, 10%]	70
								(2.5%, 5%]	80
								(1%, 2.5%]	90
								[0%, 1%)	100
	实施准备情况		项目设计	项目设计深度	设计深度	国家标准 经验标准	小于等于 10%	10%以上	60
								(5%, 10%]	70
								(2.5%, 5%]	80
								(1%, 2.5%]	90
								[0%, 1%)	100
	资金落实	资金到位率	资金到位率	财政资金到位率、配套资金到位率	财政资金到位率	标杆标准	100%	70%以下	60
								[70%, 85%)	70
								[85%, 92%)	80
								[92%, 97%)	90
								[97%, 100%]	100

续表

一级指标	二级指标	三级指标	四级指标	五级指标	结果指标	标准值取值基础	标准值	评价标准		
								标准区间	分值
投入	资金投入	资金落实	资金到位率	财政资金到位率、配套资金到位率	配套资金到位率	标杆标准	100%	70%以下	60
								[70%,85%)	70
								[85%,92%)	80
								[92%,97%)	90
								[97%,100%]	100
					财政资金到位及时率	标杆标准	100%	70%以下	60
								[70%,85%)	70
								[85%,92%)	80
								[92%,97%)	90
								[97%,100%]	100
					配套资金到位及时率	标杆标准	100%	70%以下	60
								[70%,85%)	70
								[85%,92%)	80
								[92%,97%)	90
								[97%,100%]	100
过程	业务管理	制度执行有效性	制度执行落实性	项目实施人员、设备落实到位	制度落实达标率	经验标准	100%	50%以下	60
								[50%,75%)	70
								[75%,87%)	80
								[87%,94%)	90
								[94%,100%]	100

续表

一级指标	二级指标	三级指标	四级指标	五级指标	结果指标	标准值取值基础	标准值	评价标准 标准区间	分值
		合同管理可控性	合同变更情况	合同变更处理能力	合同价款调整比率	标杆标准	小于等于10%	10%以上	60
								(5%，10%]	70
								(2.5%，5%]	80
								(1%，2.5%]	90
								[0%，1%]	100
					检验批质量合格率	企业标准	主控项目：质量合格率为100% 一般项目：质量合格率为100%	主控项目：100% 一般项目：70%以下	60
								[70%，85%)	70
								[85%，92%)	80
								[92%，97%)	90
								[97%，100%]	100
过程	业务管理	项目质量可控性	质量控制措施	质量管理组织机构、质量监控程序	隐蔽工程质量合格率	经验标准	100%	50%以下	60
								[50%，75%)	70
								[75%，87%)	80
								[87%，94%)	90
								[94%，100%]	100
					分部工程质量合格率	国家标准	分项工程质量合格率为100%；观感质量合格率为100%；主要分部工程质量合格率为100%	70%以下	60
								[70%，85%)	70
								[85%，92%)	80
								[92%，97%)	90
								[97%，100%]	100

续表

一级指标	二级指标	三级指标	四级指标	五级指标	结果指标	标准值取值基础	标准值	评价标准 标准区间	分值
过程	业务管理	项目进度可控性	进度控制措施	工程进度变化情况	项目计划工期率	计划标准	小于等于1	(0.75, 0.80]	60
								[0.80, 0.86]	70
								[0.86, 0.92]	80
								(0.92, 1]	90
								1以上	100
		项目安全可控性	安全施工措施	安全施工责任分工、施工检查措施	安全措施达标合格率	经验标准	100%	50%以下	60
								[50%, 75%)	70
								[75%, 87%)	80
								[87%, 94%)	90
								[94%, 100%]	100
					劳动力安全完成率	经验标准	100%	50%以下	60
								[50%, 75%)	70
								[75%, 87%)	80
								[87%, 94%)	90
								[94%, 100%]	100
	财务管理	管理制度健全性	项目资金管理办法健全性	会计核算制度执行情况	跟踪审计核减率	标杆标准	5%	7.5%以上	60
								(5%, 7.5%]	70
								(2.5%, 5%]	80
								(1.25%, 2.5%]	90
								(0%, 1.25%]	100

续表

一级指标	二级指标	三级指标	四级指标	五级指标	结果指标	标准值取值基础	标准值	评价标准	
								标准区间	分值
过程	财务管理	资金使用合规性	资金使用的合规性	实际投资超概率、资金利用率	实际投资超概率	计划标准	小于等于10%	12%以上	60
								(8%,12%]	70
								(5.5%,8%]	80
								(2.5%,5.5%]	90
								(0%,2.5%]	100
					资金利用率	计划标准	100%	50%以下	60
								[50%,75%)	70
								[75%,87%)	80
								[87%,94%)	90
								[94%,100%]	100
		财务监控有效性	财务监控措施的有效性	资金审查频率、资金时效性	资金提前支出比率	历史标准	20%	0%以下	60
								[0%,10%)	70
								[10%,16%)	80
								[16%,20%)	90
								20%以上	100
					资金审查频率	历史标准	4.75次/月	4次以下	60
								[4,5.0)	70
								[5.0,5.7)	80
								[5.7,6.0)	90
								6以上	100

续表

一级指标	二级指标	三级指标	四级指标	五级指标	结果指标	标准值取值基础	标准值	评价标准		分值
								标准区间		
过程	财务管理	质量目标实现程度	工程施工实际质量评价	工程质量等级、质量达标率	工程优良率	企业标准	分部优良率为60% 观感质量优良率为60%	两个标准均达到	50%以下	60
									[50%, 68%)	70
									[68%, 80%)	80
									[80%, 92%)	90
									[92%, 100%)	100
					质量达标率	计划标准	100%	70%以下		60
								[70%, 85%)		70
								[85%, 92%)		80
								[92%, 97%)		90
								[97%, 100%)		100
					返工损失率	历史标准	0.5‰	5‰以上		60
								(2.5‰, 5‰)		70
								(1.25‰, 2.5‰)		80
								(0.55‰, 1.25‰)		90
								[0‰, 0.55‰)		100
		进度目标实现程度	完成及时率	工程完成及时率	工程完成及时率	计划标准	100%	60%以下		60
								[60%, 74%)		70
								[74%, 85%)		80
								[85%, 95%)		90
								[95%, 100%)		100

续表

一级指标	二级指标	三级指标	四级指标	五级指标	结果指标	标准值取值基础	标准值	评价标准 标准区间	分值
		进度目标实现程度	工程实际完成率	工程实际完成率	工程实际完成率	计划标准	100%	70%以下	60
								[70%, 85%)	70
								[85%, 92%)	80
								[92%, 97%)	90
								[97%, 100%]	100
				平方造价超标率、竣工决算审计核减率、固定资产转化率	平方造价超标率	历史标准	小于等于0.03万/平方米	0.03以上	60
								(0.015, 0.03]	70
								(0.0075, 0.015]	80
								(0.003, 0.0075]	90
								[0, 0.003]	100
过程	财务管理	投资目标实现程度	建设期总投资评价		竣工决算审计核减率	标杆标准	5%	7.5%以上	60
								(5%, 7.5%)	70
								(2.5%, 5%)	80
								(1.25%, 2.5%)	90
								(0%, 1.25%)	100
					工程成本节约率	经验标准	12%	0%以下或12%以上	60
								[0%, 6%)	70
								[6%, 9%)	80
								[9%, 10.5%)	90
								[10.5%, 12%]	100

续表

一级指标	二级指标	三级指标	四级指标	五级指标	结果指标	标准值取值基础	标准值	评价标准 标准区间	分值
产出	项目产出	投资目标实现程度	建设期总投资评价	平方造价超标率、竣工决算审计核减率、固定资产转化率	固定资产转化率	计划标准	80%	60%以下	60
								[60%,74%)	70
								[74%,85%)	80
								[85%,95%)	90
								[95%,100%]	100
		劳动安全卫生消防目标实现程度	劳动安全目标评价	事故量	事故发生率	国家标准	0	特别重大事故	60
								重大事故	70
								较大事故	80
								一般事故	90
								无事故	100
			卫生防护目标评价	卫生防护达标率	卫生防护达标率	标杆标准	100%	70%以下	60
								[70%,85%)	70
								[85%,92%)	80
								[92%,97%)	90
								[97%,100%]	100
			消防目标评价	消防达标率	消防达标率	计划标准	100%	70%以下	60
								[70%,85%)	70
								[85%,92%)	80
								[92%,97%)	90
								[97%,100%]	100

续表

一级指标	二级指标	三级指标	四级指标	五级指标	结果指标	标准值取值基础	标准值	评价标准 标准区间	分值
项目产出	产出	环境目标实现程度	主要污染物的排放情况	噪声排放标准限值、废气排放达标情况、固体废物污染控制情况	噪声排放标准限值	国家标准	白天≤70dB; 晚上≤55 dB	90 以上、70 以上	60
								(70,90]、(56,70]	70
								[46,70]、[46,56]	80
								(35,46]、(30,46]	90
								(30,35]、(25,30]	100
					废气排放达标率	历史标准	100%	70%以下	60
								[70%,85%)	70
								[85%,92%)	80
								[92%,97%)	90
								[97%,100%]	100
					固体废物污染控制情况	历史标准	90%	70%以下	60
								[70%,85%)	70
								[85%,92%)	80
								[92%,97%)	90
								[97%,100%]	100
		节能目标实现程度	资源消耗的降低程度	资源节约率	资源节约率	经验标准	2%	0%以下或3%以上、[0%,2%)	60
								[2%,2.5%)	70
								[2.5%,2.8%)	80
								[2.8%,3%]	90
									100

续表

一级指标	二级指标	三级指标	四级指标	五级指标	结果指标	标准值取值基础	标准值	评价标准 标准区间	分值
效果	项目效益	经济效益	财务效益	投资收益率	投资收益率	——	6%	4%以下	60
								[4%,6%)	70
								[6%,7.5%)	80
								[7.5%,8.0%)	90
								8%以上	100
					投资回收期	经验标准	小于等于5年	7以上	60
								(5,7]	70
								(3.5,5]	80
								(2.5,3.5]	90
								2.5以下	100
			国民经济效益	经济内部收益率	经济内部收益率	经验标准	大于等于8%	3%以下	60
								[3%,8%)	70
								[8%,13%)	80
								[13%,16%)	90
								16%以上	100
					效益费用比	经验标准	大于等于1.0	0以下	60
								[0,1.0)	70
								[1.0,2.0)	80
								[2.0,2.8)	90
								2.8以上	100

188

续表

一级指标	二级指标	三级指标	四级指标	五级指标	结果指标	标准值取值基础	标准值	标准区间	分值
效果	项目效益	社会效益	对地区人民生活水平的影响	拆迁投诉率	拆迁投诉率	经验标准	小于等于4%	6%以上	60
								(4%,6%]	70
								(3.5%,4%]	80
								(2.8%,3.5%]	90
								2.8%以下	100
					新增就业率指数	经验标准	0.5%	0%以下	60
								[0%,0.5%)	70
								[0.5%,1.2%)	80
								[1.2%,2.0%)	90
								2.0%以上	100
			对社会发展的影响		劳动生产率贡献度	经验标准	0~1	0以下	60
								[0,0.5)	70
								[0.5,0.75)	80
								[0.75,0.9)	90
								[0.9,1]	100
		生态影响	节能效果	废物再利用率	能耗减少率	地方标准	大于等于50%	35%以下	60
								[35%,43%)	70
								[43%,50%)	80
								[50%,55%)	90
								55%以上	100

续表

一级指标	二级指标	三级指标	四级指标	五级指标	结果指标	标准值取值基础	标准值	评价标准		
								标准区间	分值	
效果	项目效益	可持续影响	项目自身可持续性	管理方式持续性	管理规模比	经验标准	2%~5%	0%以下	60	
								[0%,1%)	70	
								[1%,1.7%)	80	
								[1.7%,4%)	90	
								[4%,5%]	100	

后　记

近年来，我国政府投资项目的建设在数量上和质量上都取得了很大的提高，政府投资建设项目的绩效评价工作受到社会各方尤其是政府的重点关注。为逐步建立符合我国国情的预算绩效评价指标体系，不断规范和加强预算绩效评价工作，提高绩效评价的统一性和权威性，中央财政局和地方财政局陆续制定了一系列规章制度，但是由于政府投资建设项目绩效考评主体的多样，缺乏统一的指标体系，导致了政府投资建设项目无法进行横向比较，信息无法交流，形成重复评价等人力、财力的浪费。由于政府投资建设项目的非营利性、产权公共性等突出的特点，使得广为采用的以经济效益为基础的投资项目绩效评价体系无法完全照搬到政府投资建设项目的绩效评价中。

因此，本书在政府投资建设项目绩效评价目标定位的基础上选择公共项目绩效评价的指标体系，筛选出适用于政府投资建设项目绩效评价的共性指标，并对项目的绩效评价指标进行权重等级的确定。

本书根据政府投资基本建设项目的特点，在《预算绩效评价共性指标体系框架》（财预〔2013〕53 号）基础上，建立了初始绩效评价指标体系，并在已建立的指标体系基础上利用序关系法对建立的初始指标集进行权重的计算，将指标集分成量化指标和质性指标两部分进行评价标准的确定，结合某实际案例进行整个绩效评价过程的验证。

本书由天津理工大学柯洪教授策划和组织，可以作为行业领域内专业人士的工具书或参考用书，编写人员如下：黄雅欣执笔第一章，王美华执笔第二章，袁倩倩执笔第三章,侯晓莉执笔第四章,布文秀执笔第五章,张熙执笔第六章。

本书从筹划、汇编到成册历时近半年时间。在各方的大力支持下,精选案例,由编者精心撰写,并经数次修改完善,最终定稿。对各方的大力支持以及执笔人员付出的辛勤劳动,在此一并表示感谢。

在编写过程中参考了许多绩效评价方面的信息和资料,但是由于编者水平有限,书中难免有不妥之处,敬请读者批评指正。

编者

2017 年 5 月